パリの“食べる”スープ

一皿で幸せになれる！

辻 仁成

Tsuji Hitonari

まえがき

長い歴史を携え、古くより欧州文化の中心地であり、食の都でもあるパリには、当然、世界中から美味しいものが集まり、人々の交流と共に食文化も混ざり合って、他国では決して味わうことのできないパリならではの凝縮された味が育ってきました。パリでは、世界各地の料理が一流の料理人によって提供されていますし、見たこともないような食材が市場には積み上げられているのです。欧州の食材のみならず、アラブ、アフリカ、遠くアジアから、美味しいが押し寄せてくる食の交差点がここパリ！

*

パリで暮らしだして20年目になったぼくがここパリで、心と舌を奪われ続けているのが、実は、スープなのです。パリで味わうスープのバリエーションといったら驚くほどに多種多様で、それらがフランス人によって実に国際的にアレンジされ、もはやスープなどというカテゴリーを超越しているものさえ存在します。

＊

フランス人は「スープを飲む」とは言いません。興味深いことに、彼らは「スープを食べる（Manger de la soupe）」と表現します。面白いですね。でも言われてみると腑に落ちるのが、フランスのスープは結構食べ応えのあるものばかり。ぼくは、栄養価も高く、食材のエキスを濃縮した、このパリ・スープをランチの中心に据えて健康管理にいそしんでいます。

＊

季節ごとに、その時々の食材で作る美味しい辻流パリ・スープを一冊にまとめてみました。こんなスープがあったのか、という驚きと共に、パリで受け継がれてきた、さらにはパリで進化を遂げた世界のスープを皆さまにも味わっていただければ幸いでございます。

作家、愛情料理研究家　辻 仁成

menu

110
セビリアのガスパチョ
Gaspacho de Séville

114
カスティーリャ地方の
アホスープ
Sopa de Ajo de Castilla

118
ナポリの漁師料理
〝アクアパッツァ〟
AquaPazza de Naples

122
感謝を込めた
〝クレーム・ド・マイス〟
Crème de Maïs

126
あさりのショードレー
Chaudrée de palourdes

078
ムール貝のサフラン風味の
クリームスープ
Crème de moules au safran

082
ホワイトアスパラのヴルーテ
Velouté d'asperges blanches

090
プティ・ポワのポタージュ
Potage aux petits pois

094
ミネストローネ
Minestrone

098
パリ風、ポタージュ・ペキノワ
Potage pékinois

102
あえてパリ風、ヴィシソワーズ
Soupe Vichyssoise

106
夏のパリで愛される
トム・カー・ガイ
Tom Kha Gai

ハンガリーのグヤーシュ・スープ ｜ Goulasch hongrois

バターナッツスープ ｜ Soupe de butternut

オニオングラタンスープ ｜ Soupe à l’oignon

韓国風味噌鍋スープ ｜ Doenjang jjigae

栗のポタージュ ｜ Potage de châtaignes

ブランケット・ド・ヴォー ｜ Blanquette de veau

ボルシチ ｜ Borscht

新玉ねぎと古代麦の新古今スープ ｜ Soupe à l'oignon entier et au petit épeautre

01

ハンガリーのグヤーシュ・スープ

Goulasch hongrois

"食べるスープ"の真骨頂！

さて、今回はぼくの得意料理の中でも定番中の定番スープで、これは本当に皆さんに作っていただきたい一皿でございます。実はぼくの母方の従妹にウイーン在住の今村輪（Meguri Imamura）という料理の先生がおりまして、元々はオペラ歌手で若くしてウイーンに渡ったのですが、ゲラルドさんという素敵な殿方と出会い結婚、今は、地元ウイーンの人々にオーストリア料理や和食を教えています。輪の料理は家庭料理ながら実に深みがあり美味いのです。今から10年ほど前にウイーンで再会し、御馳走になったグーラッシュという煮込み料理が本当に美味しくて、レシピを習ってパリに持ち帰り、ぼくはそれを和風にアレンジして寒くなると仲間たちにふるまってきました。

息子とハンガリーのブダペストを旅した時、レストランでグヤーシュというスープを発見、グーラッシュと何が違うのだろうと思って頼んでみたら、グーラッシュを薄めたような、と言うと悪いイメージが浮かびますが、サラッと汁っぽくした鍋料理がグヤーシュだったのです。

それもそのはず、グーラッシュはハンガリーが発祥の地らしく、ハンガリーではグヤーシュと呼ばれ、スープとして愛されています。それがドイツやオーストリアではシチュー料理になるのです。面白いですね。ハンガリーでの正式名称はグヤーシュレヴェシュ。グヤーシュは「牛飼い」を意味し、レヴェシュは「汁」のこと。ハヤシライスはここを語源に持つという説もあり、なるほど、確かに。フランスのブッフ・ブルギニヨンも、もしかしたら、グヤーシュの影響を受けているのかもしれません。今回、特別に輪先生によるウイーン風グーラッシュ・スープのオリジナルレシピを、ほんの少し改良させて頂き、皆さまにお届けしたいと思います。料理というのは作り手と時間とその場所によって若干進化・変化するもので、これが日本に渡ればその土地の肉や水や空気でまたちょっと変化してもいいのだと思います。

さて、日本人にもきっと愛される「食べるスープ」の真骨頂、今村輪のグーラッシュズッペ、ぜひ、やってみてください。これは、本当に美味いです。選ぶ肉などでずいぶんと味も変わるので、地元の肉屋さんと相談をして、この煮込み料理に合う牛肉を探されるといいかもしれません。レシピは入り口です。皆さんのセンスと経験と知恵でさらに美味しいスープを作ってみてください。

Recette

ハンガリーのグヤーシュ・スープ

Ingrédients | 材料（つくりやすい分量）

牛肉 …… 250g
玉ねぎ …… 200g（みじん切り）
パプリカパウダー …… 20g（甘口）
牛肉スープ …… 1250mℓ
トマトペースト …… 小さじ1
にんじん …… みじん切り
【香辛料】
セロリの葉 …… 適量
潰したニンニク …… 2片
マジョラム …… 小さじ½（乾燥でよい）
サラダ油 …… 大さじ3
お酢 …… 大さじ1～1と½
塩 …… 適量

Préparation | つくり方

1 下ごしらえ

牛肉を1cm程に角切りまたは細切れにします。

2 炒める

鍋にサラダ油を入れ熱したら玉ねぎを炒め、透き通ったら**1**も加え炒めます。

3 パプリカパウダーを加える

パプリカパウダーを加え直ぐにお酢を加え少し蒸らし、パプリカパウダーの粉っぽさを取ります。

4 スープを加え煮込む

3に牛肉スープとトマトペーストも加え、混ぜ合わせます。そこへ香辛料とにんじん、塩を加え、1時間ほど牛肉が柔らかくなるまで蓋をして弱火で煮込みます。

5 寝かせる

ここまで出来たら、一晩寝かせてください。これがとっても重要です。すぐに食べると、肉の食感に角が残っていますが、一晩寝かせてあげることで、まろやかさ、深みが驚くほどに変わります(夏は冷蔵庫で)。翌日、もう30分ほど煮込んで完成となります。ボナペティ!

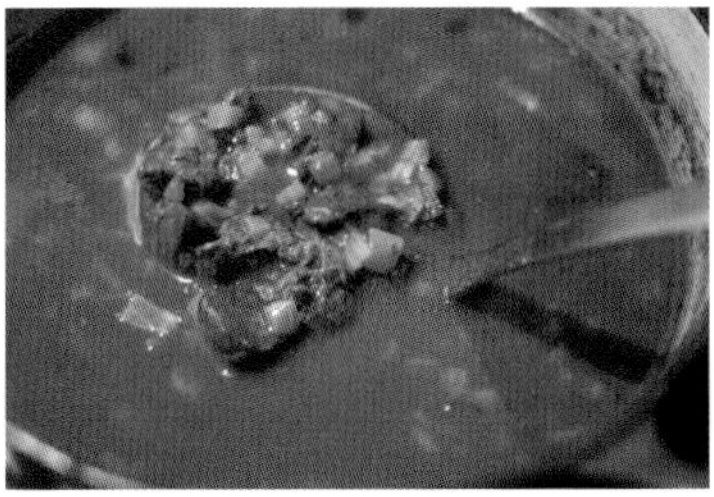

02

バターナッツスープ

Soupe de butternut

フランス人が大好きなポタージュ

フランス人はカボチャのポタージュが大好き。秋になるとマルシェにカボチャが並びます。日本のかぼちゃって表面が緑のお馴染みのカボチャが主流。とっても美味しいですけど、それしかないので、カボチャと言えば思い浮かぶのはやはり煮つけでしょうか。一方、フランスのカボチャは種類豊富なんですが、同じく、カボチャの料理は種類が多くなく、カボチャのピュレ、ロティ、スープくらい。つまり、カボチャって意外と応用が利かない野菜なのです。

実はぼく、カボチャがあまり好きじゃなくて、というのも、何を食べてもカボチャはカボチャでしかないから。とくにフランスのカボチャって、日本のかぼちゃと違って結構水っぽく、他との調和が難しい。人間にたとえると水臭く自我の強い奴みたいな存在なのです。ところが今日ご紹介するバターナッツはあっさりしていて、そこまで水臭くない……。なんか頼むと「いいよ、やるよ」とすぐに同意してくれるナイスガイでして、このバターナッツで作ったスープがフランスで人気なのも頷けます。最近、日本でも手に入るようになったバターナッツ、秋の時季、本当にパリの八百屋で飛ぶように売れています。

どこの家庭もちょっと寒くなるのでバターナッツのスープを作って食べています。身体が温まるし、しつこくないし、水臭くないので、頼りになるスープ、どうです？ちょっと作ってみませんか？

Recette

バターナッツスープ

Ingrédients | 材料（4人分）

バターナッツ	半分（約600g）
紫玉ねぎ	¼個
生姜	1片
カレー粉	小さじ1
ココナッツミルク	400mℓ
オリーブオイル	大さじ1
塩	適宜

Préparation | つくり方

1 下ごしらえ

紫玉ねぎと生姜をみじん切りに、バターナッツは2cmくらいの角切りにします。

2 炒める

ココットにオリーブオイルをひき、紫玉ねぎと生姜を弱火でじっくり炒めます。焼き色がつかないよう注意しながら、丁寧に火を入れていきましょう。紫玉ねぎは普通の玉ねぎより甘味が強いのでできれば紫玉ねぎを使ってください。

3 バターナッツを加える

2にバターナッツを加え、カレー粉を加えて焦がさないように炒めていきます。ある程度火が通ったら、トッピング用のバターナッツを数個確保しておきます。

4 煮込む

3にココナッツミルク半分を加え、弱火で30分ほど煮ます。

5 ピュレにする

木ベラで触って、バターナッツが崩れるくらい柔らかくなったら、バーブレンダーでピュレ状にしていきます。そこに残りのココナッツミルクを加え、弱火で温めながらよく混ぜ合わせ、最後に塩で味を調えます。

6 盛りつける

バターナッツがすでに素晴らしい食感、香り、味を持っているので、余計なものは一切必要としません。カレー粉との相性抜群なんです。スープの水分が足らない場合は少し水を足しても良いですね。バターナッツ、紫玉ねぎのみじん切り、かぼちゃの種をトッピングし、オリーブオイルを少し垂らして完成となります。

※かぼちゃが苦手な子供もカレー味なので、美味しい美味しい、と言って食べてくれますよ。寒くなる日本の食卓に、頼りになるこのスープ、いかがでしょうか？ボナペティ！

03

オニオングラタンスープ

Soupe à l'oignon

ルイ15世が夜中に発明した!?

オニオンスープ（Soupe à l'oignon）は古代ローマ時代から存在したと言われています。玉ねぎは手がかからず勝手に育つので、驚くべきことに当時から庶民に愛された野菜でした。そして、玉ねぎは料理文化の進化と共に欧州の人たちの舌と心を魅了し続けることになるのです。古代ローマの人たちにも愛されていた玉ねぎ、期待が膨らみますね。

さて、本日の「食べるスープ」はまさに、お腹いっぱいになるオニオングラタンスープの登場です。ぼくはこれを25歳の時、初めて渡ったフランスで食べ、そのあまりの香ばしさと美味さと濃厚さと深みに言葉を失いました。

現在のオニオングラタンスープ（玉ねぎをキャラメリゼし、ビーフブィヨンで煮込み、クルトンとチーズを載せて焼いたもの）が生まれたのは、17〜18世紀頃じゃないか、と言われています。さらに、いろいろと文献を調べているうちに、面白いエピソードに遭遇しました。諸説の中の一説に過ぎないのですが、なんともロマンのあるお話なので、ご紹介したいと思います。

実は、ルイ15世がこのオニオングラタンスープを発明したというのです。びっくりですね。その文献によると、夜中、小腹が空いたルイ15世がキッチンを漁ったところ、玉ねぎとバター、そして、シャンパーニュが出てきました。当時からシャンパンがあったんですね。そこで、ルイ15世はこの三つの食材を使い、最後にパンとチーズを加え、オニオングラタンスープを作った、のだとか。この説が真実であるならば、本当のレシピは白ワインではなく、シャンパーニュだった⁉ ということになりそうです。

ともかく、オニオングラタンスープは王室で親しまれたスープであることに間違いはありません。夜会の後、ワインを飲み過ぎた翌日に食べる、二日酔いに効くスープだったと言われています。日本人の胃袋からすると、二日酔いに効くというのはにわかに信じがたいですが、フランス人の胃袋は我々とは根本からレベルが違うので、あり得る話だな、と思いました。

さて、そこで、今回は王様が作った18世紀のオニオングラタンスープを多少意識しながら、辻家定番食べるスープをご紹介したいと思います。中学時代、バレーボール部キャプテンだった息子君の胃袋を満たし続けた、実にシンプルだけど、ゴージャスな一品となります。

Recette

オニオングラタンスープ

Ingrédients | 材料（4人分）

玉ねぎ	300g
バター	20g
固形ブイヨン	1個(ビーフ味)
水	500mℓ
白ワイン	50〜70mℓ
好みのハーブ	適量(タイムやローリエなどがあれば)
ナツメグ	適量(あれば)
塩	適量
胡椒	適量
バゲット	適量(もしくは食パン)
にんにく	1片
グリュイエールやエメンタールなどのチーズ	100g

Préparation | つくり方

1 玉ねぎを炒める

まず、玉ねぎはなるべく薄くスライスし、ココットにバターを溶かし玉ねぎを炒めます。

2 白ワインを加える

玉ねぎが鍋にじりじりとこびりつき始めたら、白ワインを少しずつ加えて、焦げ付き部分を溶かしていきます。鍋に焦げ付いたものは鍋についた旨味であり、それをフランスでは「sucs(シュック)」と呼びます。それをワインや水など水分で溶かすことを「déglacer(デグラッセ)」と言うんですよ。

3 煮込む

白ワインがなくなったら、少しずつ水(分量外)を加えてデグラッセしながら玉ねぎがキャラメル色になるまでじっくり20分程度炒め続けてください。玉ねぎがいい感じになったら水とブイヨンを加え、好みのハーブを加えて煮込むのです。途中でスープの状態を見ながら、お好みで、水を足しても構いません。

4 味を調える

20分ほど煮込んだら味見をし、ナツメグを少々、塩、胡椒で味を調える。

5 パンをトーストする

パン(硬くなったもので良い)をトーストし、表面ににんにく(半分にカットし、その切り口)を擦り付け、香りを移します。

6 オーブンで焼く

ココット鍋やオーブン対応の器にスープを注ぎ、パンをのせ、チーズをたっぷりかけて200℃のオーブンで10分ほど焼きます。

7 完成

表面が良いキツネ色になったら完成となります。どうです？　王様、この出来栄え、ご満足いただけましたでしょうか？

「満足じゃ、くるしゅうない、みんなでたべてごらん、ボナペティ！」

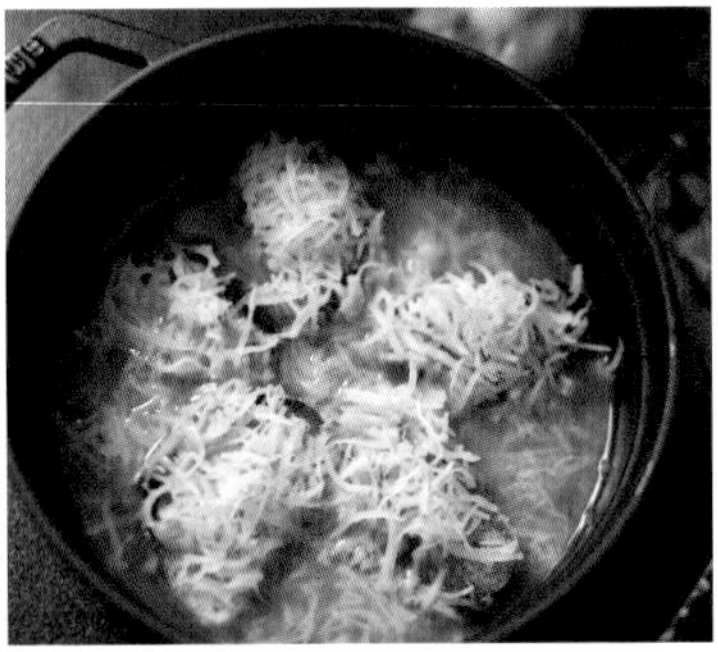

バターでじっくり炒めることで玉ねぎの旨味とコクを引き出します。鍋についた軽い焦げ目も旨味の塊です。トーストしたバゲットににんにくを擦り付けることで風味がアップします。

スープな言葉①

美味しいが押し寄せてくる
食の交差点がここパリ!

04

韓国風味噌鍋スープ

Doenjang jjigae

芯から温まるホットな味わい

今から18年前、パリに移り住んだばかりの頃、和食と言えば高級料理で、中心部、オペラ地区まで行かないと日本人シェフが作る本格和食はなかなか食べられませんでした。一方、中華レストランと韓国レストランは市内各所に名店が点在しており、とくに韓国レストランは安くて美味く、中華味噌よりも韓国味噌の方が日本人的には口に合うことから週一の割合でお気に入り韓国レストランに通っておりました。

江國香織氏との共著『冷静と情熱のあいだ』が韓国でもベストセラーになっていて、また、韓国作家ゴン・ジーヨン氏との共著『愛のあとにくるもの』もヒットしたことを受けて、ぼくが原作者だとバレてから、味噌をもらったり、デザートくれたり、頼みもしないメインディッシュが毎回サービスされたり、結構好待遇を受けたものです。そのせいで韓国料理にも精通するようになりました。

最初に覚えた「ケイサンソチョセヨ」は「お会計お願いします」という意味ですが、ぼくの発音が受けて、大いに盛り上がりました。その時、通っていた店のシェフに教わったのが、韓国味噌鍋、テンジャンチゲです。習ったというか、「これとこれを入れて煮込め」と言われて味噌を手渡されただけですが、その特製味噌のおかげで、結構簡単にプロの味を再現することができました。笑。テンジャンチゲが味噌チゲ（鍋）、スンドゥッブが豆腐チゲのことで、ぼくはどっちも好きなので、豆腐と味噌を使った、いいところどりの辻家我流韓国風味噌鍋を作るようになります。

大事なことはただ一点。韓国唐辛子粉を使うことですが、日本の唐辛子、一味などは超辛すぎてこのスープには向きません。日本の明太子もこの韓国の唐辛子粉を使用しているらしいですね。辛くなく風味豊かなので、煮物には最適です。まず、大事なのは、この韓国唐辛子粉を見つけること。それもマイルドなものを探すこと。これさえあれば、美味しい韓国風味噌鍋スープが出来ること請け合いです。寒い季節、本当に重宝する身も心も芯から温まるホットなスープでありながら、この本の主題、まさに食べるスープの真骨頂でもある韓国風味噌鍋スープ、さあ、一緒に作ってみましょう！

Recette

韓国風味噌鍋スープ

Ingrédients | 材料（2人分）

【スープペースト】

胡麻油	大さじ1
韓国粉唐辛子	大さじ½（辛いのが好きな方は唐辛子の量を調整してください）
おろしにんにく	小さじ½
鶏がらスープ	小さじ1
醤油	大さじ½
砂糖	小さじ1
日本酒	小さじ1

大根	5㎝
豚薄切り肉	100g
合わせ味噌	大さじ1
あさり	10個
えのき	1房
絹豆腐	1丁
だし汁	500㎖
ねぎ	適量
卵の黄身	1個（生）
胡麻油	適量

Préparation ｜ つくり方

1 ペーストをつくる

小さなボウルにスープペーストの材料をすべて入れ、混ぜておきます。

2 だしをとる

お鍋でだし汁をつくります。今回はだしパックを使用し、500mℓほどをつくりますよ。

3 大根を煮る

さて、まず大根に火を入れてください。大根が柔らかくなってきたら豚薄切り肉を加え、スープペースト大さじ1を入れよく混ぜます。

4 味噌を溶かす

先の具に火が通ったら味噌大さじ1を溶かします。

5 そのほかの具も煮る

豆腐、えのき、あさりを加え、よく煮立て、最後に卵の黄身を落とし、ねぎをふりかけ、胡麻油をサッと回し掛ければ、完成となります。具の種類や量はお好みで調整してください。ぼくは我流ですから、野菜も、肉も、貝もその時あるものでつくっちゃいます。マシッソヨー、ボナペティ！

05

栗のポタージュ

Potage de châtaignes

飲みごたえのあるオツなスープ

「桃栗三年柿八年、辻仁成巴里二十年」という諺がありますが、

『その辺で手に入る果物も実がなるまでに長い年月がかかるのだ、同じように何事も成し遂げようと思えばそれ相応の時間が必要。辻仁成だってだてに二十年もパリで生きてきたわけじゃない。二十年の努力の成果がこのスープにあり』

　ということで、今日は秋に必ずつくる栗のポタージュについて……。

　渡仏したばかりの頃は、よくシャンゼリゼ大通り界隈にショッピングに出かけ、ついでに焼き栗を食べていました。秋も深くなりますとあちこちにちょっと怪しげな栗の屋台が出まして「焼き栗」販売を始めます。秋の風物詩ですね。

　コートの襟を立てて歩くような寒い日に屋台でゲットしたホクホクの栗を闊歩しながら食べるのは、実にオツなものでした。この「オツなもの」のオツには、気が利いていてちょっといいなと思わせる、という意味があります。さて、今日ご紹介する栗のスープ、毎日飲みたいとは思わないのですけど、秋になると、オツなものの代表格の一つとなり、じゃあ作ってみましょうか、と必ずなる極めて季節感に富んだ一品なのでございます。

しかし、難点もあります。

栗の鬼皮はなんとかむけても、中の渋皮がなかなか手ごわい。人間と一緒ですね、そこは無理してむこうとせず、むき栗を買ってきてもいいですよ。

さて、今回の栗のスープは大量の栗を使いますので、どっしりとした飲みごたえがあります。ポタージュですから、肉や魚介は入っておりませんが、三年の歳月をかけて育った栗の実の濃厚な存在感が口腔に広がり、ぼくは小食ですから、ランチであればこれにバゲットだけでもう十分な満腹感を得られます。栗のポタージュは甘いですから、デザート効果もあり、心から温まり、いえ、実にこれが「オツ」なのであります。

では、早速、栗のポタージュをつくってみましょう。

Recette

栗のポタージュ

Ingrédients | 材料（4人分）

栗	300g（むいた状態）
玉ねぎ	½個（薄切り）
水	300mℓ
チキンブイヨン	½個
ローリエ	1枚
生クリーム	100mℓ
ナツメグ	少々
バター	15g

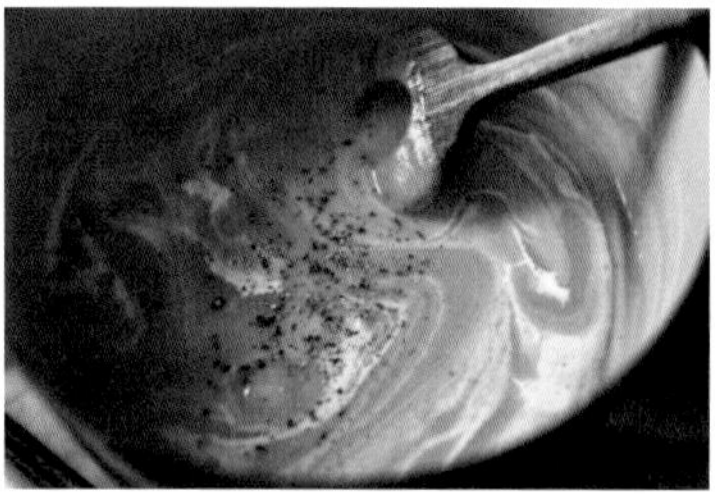

Préparation ｜ つくり方

1 材料を炒める

まず、ココットにバターを溶かし、玉ねぎを炒めます。ここら辺はいつも通り、玉ねぎが透明になるまで辛抱強く炒めましょう。そこに栗を加えてください。

2 煮込む

水とチキンブイヨン、ローリエを加えて20分ほど煮ます。

3 ピュレ状にする

菜箸でつつくと、ほろっと栗が崩れるくらい柔らかくなっていたら、ナツメグをすり入れ、鍋を火からおろし、ハンドブレンダーでピュレ状にしていきます。水気が足りなければ少し足しても良いですよ。

4 生クリームを加える

もう一度鍋を火にかけ、生クリームを加えて沸騰しない程度に、弱火で温め、塩胡椒で味を調えたら、はい、完成です。

あっという間でしょ？　超簡単、けれども、美味しい、栗のポタージュ。オーブンで焼いたカリカリベーコンを添えるのがフランス流です。とっても美味しいですよ。ボナペティ！

06

ブランケット・ド・ヴォー

Blanquette de veau

大好物な仔牛肉の煮込み

フランスに渡る前、日本ではあまり仔牛肉を食べることがありませんでした。今はどうか分かりませんが、昔は高級肉屋に行かないと手に入らなかった。スーパーなどでは、今もあまり見かけませんね。

最近でも、高級フレンチなどで仔牛のカツレツを食べるくらいで、なぜか日本ではあまり見かけない肉なのですけど、渡仏後、フランスやイタリアでは仔牛肉を食べる風習があるので、カフェで友人に勧められて頼んでみたら、うわぁ、美味い、と仰天したのが、このブランケット・ド・ヴォーとの出合いでした。

物凄く柔らかくて、牛肉感が強くなく、脂肪分も少なめなのでヘルシー、とにかくクリームソースとの相性が抜群で、鶏肉の弾力とは異なる、経験したことのない肉質で、店によって味付けや料理方法が違うのですけど、自分好みのブランケット・ド・ヴォーを出す店がありまして、そこに行くと、「いつものください」で通じるほど、ぼくにとって仔牛肉は大好物となったのです。

今日は、カフェの定番な味付けを参照しながら、少しだけスープ仕立てにしたものをご紹介したいと思います。

ちなみに、仔牛料理と言えば、日本のフレンチやイタリアンのレストランでは「仔牛のカツレツ」が人気ですね。ぼくは白ワイン片手に、素朴にフラー・ド・セルだけで頂いちゃいます。あと、フランスだとポワレも美味しいです。キノコ系のクリームソースで食べるのですが、ブランケット・ド・ヴォーと並んで、国民的カフェ飯と言えるでしょう。しかし、イタリアのサルティンボッカは仔牛肉と生ハムを載せて（巻いてなど様々）焼いて食べるのですが、これがまた格別ですね。キノコ、そしてクリームとの相性抜群です。クリームですけど、生クリームというよりも、要は、ちょっとベシャメルソースのような感じで作っていきます。能書きはこのくらいにして、では、さっそく作りましょうか！

Recette

ブランケット・ド・ヴォー

Ingrédients | 材料（2人分）

仔牛	400g（肩肉またはバラ肉）
にんじん	1本
玉ねぎ	1個
クローブ	3個
マッシュルーム	5個
セロリの葉	適量
ブーケガルニ	1束（タイムとローリエのみでも良い）
白ワイン	大さじ2
卵の黄身	1個分
牛乳	大さじ2
小麦粉	大さじ2
バター	20g
生クリーム	大さじ2
塩	適量
胡椒	適量

Préparation | つくり方

1 下ごしらえ

仔牛を適当な大きさに切ります。3cm四方くらいのブロックで、小さすぎず、大きすぎず、シチューを思い浮かべてカットしてください。にんじんの皮をむき、縦半分に切ってから1cmの厚みに切ります。玉ねぎは皮をむき、クローブを直接刺しておきます。マッシュルームは半分に切り、バター（分量外）で炒めておきます。

2 仔牛をゆでる

1の仔牛を鍋に入れ、ひたひたの水を加え沸騰させます。結構アクが出るので、早い段階で一度ゆで水を捨て、肉と鍋を軽く洗って再び鍋に戻しましょう。

3 材料を煮込む

2の鍋に、肉がひたひたになるくらいまで水を加え、1のにんじんと玉ねぎ、セロリの葉、ブーケガルニ、白ワイン、塩小さじ1を入れて煮込んでいきます。沸騰したら弱火にし、じっくり、ゆっくり火を通します。

4 具材を取り出す

1時間ほどして肉と野菜が柔らかくなったら一度具をすべて取り出し、煮崩れた肉や野菜も取り除き、澄んだスープのみにしてください。

5 小麦粉液と卵液をつくる

ボウルに、小麦粉を入れ、適量の水で溶いておきましょう。さらに別のボウルに卵の黄身を入れ、牛乳と煮汁を少々加えて溶いておきます。

6 クリームソースをつくる

5の準備ができたら、4のお鍋を弱火にかけたままバターを入れ、溶いた小麦粉がダマにならないよう泡立て器で混ぜながら加えます。そこに先に溶いておいた卵液も同じく泡立て器で混ぜながら、一気に流し込みます。これでクリームソースが完成となります。

7 具を戻す

クリームソースができたら具を戻して、1のマッシュルームを加え、一緒に煮込んでください。30分ほど弱火で煮たら、ほぼ完成。

8 調味する

すぐに食べる場合はここでちょっと生クリームを加え、塩、胡椒で味を調えてください。

※個人的には、一晩置くとかなりコクが増すので、必ず、寝かせることにしています。前の晩に作って、翌日の昼に食べることが多いです。おススメですよ！（その場合、生クリームは風味を飛ばさないために、鍋を温め直す時に、入れてください。塩、胡椒をして完成となります）

※パンと一緒に食べてもよし、バターライスを添えてもよし。フランス家庭料理、カフェ飯の定番、そう、冬にどうしても食べたくなるスープの一つですね。ボナペティ。

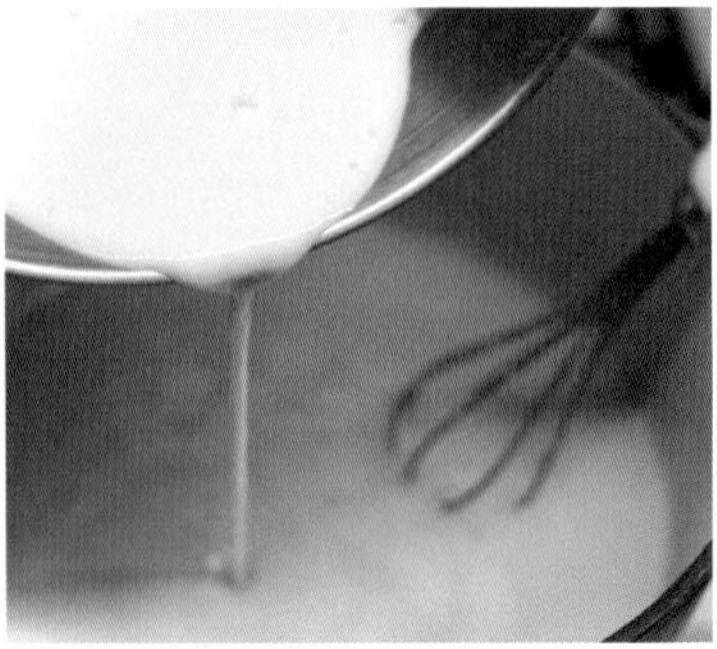

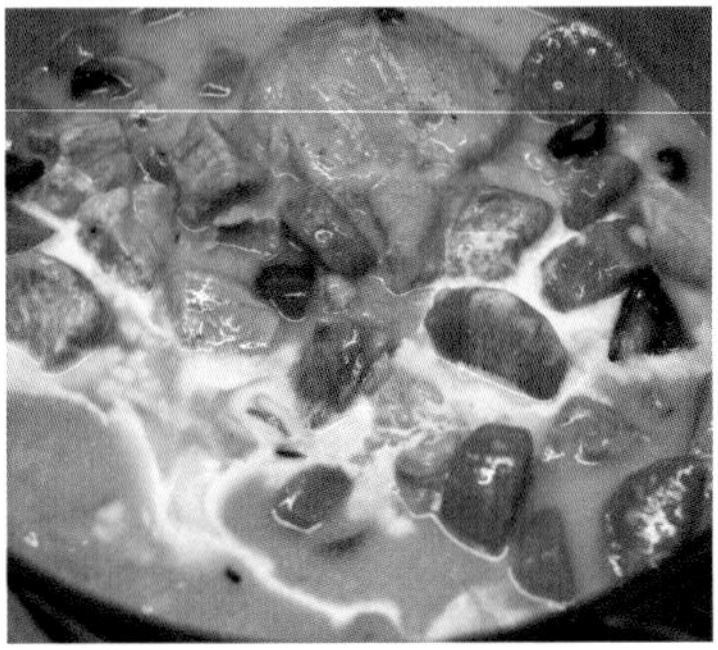

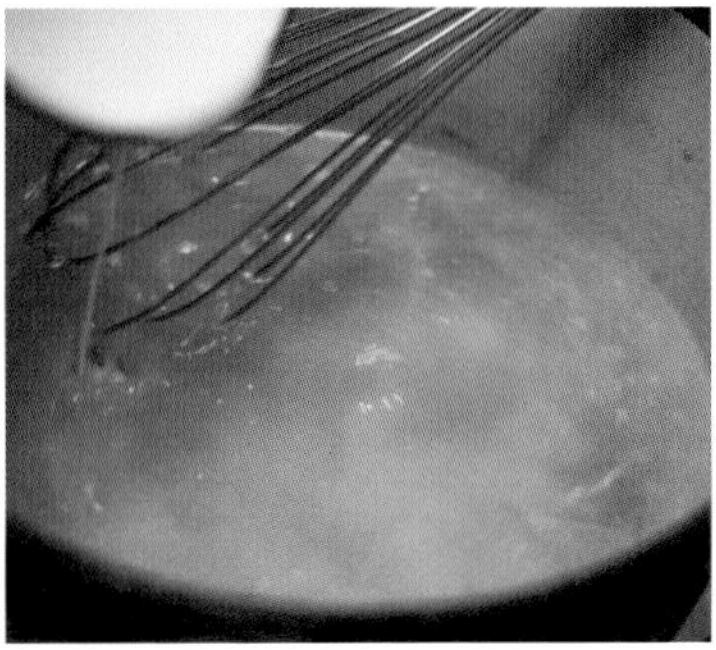

軽やかな仔牛肉は、煮込みにしてもすっきりとした美味しさ。
煮込んでいるときにアクをしっかり取ること、ソースをつくるときに具材を残らず取り出すことがポイントです。

スープな言葉②

「余計なことは考えるな、
美味しければいいじゃないか」

（八百屋で知り合ったおばあちゃんの言葉）

07

ボルシチ

Borscht

ウクライナの食べるスープ

ぼくが昔住んでいたアパルトマンのすぐ隣が、ウクライナ大使館だったからか、パスポート申請に来たと思われる、とにかく背が高くて、顔の小さな金髪の美人がうちの家の前の路地でしょっちゅう行列を作っていたものです。引っ越した直後は、ここ何だろう、と怪しんだほどでした（笑）。日本にいた頃にはまったく縁のなかったウクライナ、大使館がご近所だったことで、気になるようになります。この国はどういう歴史があるのだろう、とか、みんな何を食べて、男性も女性もこんなに綺麗なんだろう、とかですね……。

で、ご紹介する〝ボルシチ〟ですが、諸説あるのですけど、世界的にはウクライナのスープということになっております。昨今、中国と韓国がキムチは自国の国民食合戦をやっておられるのと一緒で、ボルシチもウクライナとポーランドとロシアが自国の起源説を主張しております。世界三大スープの一つと言われるだけあり、スープ界において話題に事欠きません。しかし、ぼくは個人的にですが、ボルシチはウクライナのスープで確定だと思っております。というのは、ウクライナには数十種類のボルシチが大昔から存在し、それにまつわる様々な文献も残っているからです。

子供の乳母を一瞬、頼んだことがあるウクライナ人のルバさんから教わった本場のボルシチを今日は皆さんに伝授したいと思いますが、ルバさん曰く、「キャベツの存在が重要」とのこと。それは意外な意見でした。ボルシチといえば、ビーツまたはテーブルビート（仏語でベットラーブ）が必ず入った赤いスープというイメージがあるのですが、ルバさんは首を横に振ります。「一番大事なのはキャベツで、ビーツが最悪なくてもボルシチは出来るけど、キャベツがなければボルシチとは言えません」とのことでした。これは、ロシア人やポーランドの方も言いますので、事実なのでしょう。そこで、ぼくはキャベツに重きを置いて、料理を心がけることになるのですが、確かに、これはキャベツがいかに大事か、作っていくと分かってきます。キャベツの甘味、コク、広がりが、このスープをベースのところで支えているのでした。

しかし、あの赤い色味はやはり、ボルシチの顔ですし、ビーツ（テーブルビート）自体はキャベツに負けないほど栄養価が高い野菜です。寒冷地で生き抜くのに、このスープで温まり、健康になることは必須だったのでしょう。もしかしたら、ウクライナ人のあの美しい皮膚や健康美はこのスープに要因があるのかもしれない、と私は勝手に推測しております。美しくあるために、健康で生き抜くために、じゃあ、「食べるスープ」を一緒に作ってまいりましょう。

Recette

ボルシチ

Ingrédients | 材料（4人分）

牛肩肉(あれば骨付き煮込み用を推奨)	500g
玉ねぎ	1個
にんじん	1本
キャベツ	¼個
トマト水煮缶	½缶
トマトペースト	大さじ1
ビーツ	1個(缶詰でもOK)
じゃがいも	1個
塩	小さじ1
ローリエ	2枚
レモン	½個
サワークリーム	適宜

Préparation | つくり方

1 牛肩肉を煮込む

まず、鍋に牛肩肉とローリエを入れ、ひたひたになるくらいの水で柔らかくなるまで煮ることからはじめます。フランスの肉は赤肉なので圧力鍋を使用しましたが、日本の牛肉はサシが多いので、普通のお鍋で1時間もやれば柔らかくなりますね。部位の違いや、個体差もありますから、様子をみながら、40分〜1時間程度煮込んでみてください。

2 野菜を炒め、煮込む

次に、ココットにオリーブオイル大さじ1をひき、みじん切りにした玉ねぎを炒めていきます。玉ねぎが透明になったら細切りにしたにんじんを加え、しんなりするまで炒めます。ざっくり切ったキャベツ、トマト缶、トマトペーストを加え、**1**の牛肉の煮汁を具がひたひたになるくらいまで加えてください。そこに、塩を加え30分ほど煮込みます。

3 肉とビーツも加え、煮込む

1の柔らかくなった牛肉を食べやすい大きさにし、別にゆでたじゃがいも、細切りにしてゆでたビーツ(日本だと生のビーツがかなり手に入りにくいので、缶詰を使ってください。その場合、缶詰の赤いゆで汁も様子をみながら、ちょっと使用しましょう。赤が映えます)を、ローリエと一緒に加え、レモンを搾り、15分ほど煮込んだら塩(分量外)で味を調え完成となります。

4 器に盛る

これ、マジで超美味しいんです。なるほど、世界三大、間違いない、と思いますよ。器に盛り、サワークリームをのせて、召し上がれ!　ボナペティ。

08

新玉ねぎと古代麦の新古今スープ

Soupe à l'oignon entier et au petit épeautre

甘酸っぱい青春の味

このスープは、とあるぼくの甘酸っぱい青春の歴史からヒントを得て考案したスープなのです。それは今から、40年前、ぼくが成城大学の学生だった頃に遡ります。当時、ぼくはプロのミュージシャンを目指しておりましたが、同じ大学の仲間に、チョッパー佐藤という風変わりな男がおりまして、チョッパーベースってわかりますか？ 80年代に流行った、親指と中指を使って、叩くようにベースを弾く奏法のことで、ダンサブルなナンバーでよく使われておりましたね。

そのチョッパー奏法を弾かせると右に出る者がいないと成城大では恐れられていた学生が佐藤君で、お坊ちゃん大学ではありましたが、ミュージシャンは貧しく、食べるものがなくなると、お互いの家を訪問しあって、なんか食わせろ、と互助会的な同士でもあったわけです。前ふりが長くなりましたが、その佐藤君が、ある日、うちにやって来まして、

「辻〜、死にそうだ。なんか食わせてくれ。電車代もないので、ここまで歩いてきた」

と叫んで玄関で倒れたのです。大げさな奴なんですねェ、ベースと一緒で。

で、仕方がないから「なんか食わせてやろう」と思っ

て冷蔵庫をあけたら、これが、見事に空っぽ。ただ、でっかい玉ねぎだけがどーんとありました。大きな玉ねぎで、多分、新玉ねぎだったと記憶しているのですが、当然、これを食おう、ということになりますよね。で、鍋の真ん中にこれを置いて、水をひたひたに入れて、ブイヨンを一個ぶちこんで、蓋をして、一時間くらい待ったのです。

そしたら、玉ねぎなんですけど、何か、おなかがすきすぎた幻覚でしょうか、白い肉の塊のようにも見えるし、ふかした肉まんのようにも見えるじゃないですか。大きな皿にそれを移し、飢餓状態の二人で両脇からスプーンを突き刺して食べたのですが、え？ これが、驚くほどに、美味かった。美味しい、ではなく、美味い！

「美味いなぁ、佐藤」

「おお、辻、これは超美味いぞ」

涙を流しながら、二人で食べた思い出があります。

1985年、ぼくはECHOESのメンバーでデビューし、佐藤君はスタジオミュージシャンになったと記憶していますが、その後の行方はわかりません。80年代のダンスナンバーを聞くと、まず最初に脳裏をよぎるのが、玉ねぎの丸ごとスープの絵だという、どうでもいい話でしたね、えへへ。ここまで、お付き合い頂きありがとうございます。

ということで、それから40年の歳月が流れました。新玉ねぎの季節ですし、あのスープを再現してみようと思いたちます。でも、そのままというわけにはいきません。創意工夫をこらしてみました。健康が求められる時代ですからね、玉ねぎを丸ごと食べるというのは、この「食べるスープ」というコンセプトにピッタリなので、そこは生かしつつ、僅かな肉気と野菜を添えて、胃にも心にも優しい新玉ねぎと古代麦（古代小麦）のコラボレーションを創造したのでした。

ところが、作ってびっくり。これが、40年前の感動を超えて、21世紀の今、ぜひ食べて頂きたい、まさに「食べるスープ」の真骨頂となったのです。見た目も凄いですが、古代麦に染みる玉ねぎのダシ感が半端ありません。健康食ブームの先駆けになるようなスープ、ぜひ、お試しください。

Recette

新玉ねぎと古代麦の新古今スープ

Ingrédients | 材料（3人分）

新玉ねぎ	3個
ベーコン	50g
古代小麦	50g
グリーンピース	30g
にんにく	1片
オリーブオイル	大さじ1
チキンブイヨン	1個
塩	適量
胡椒	適量

Préparation | つくり方

1 グリーンピースの下準備

グリーンピースはゆでて、ゆで汁に浸したまま冷ましておいてください。

2 にんにくとベーコンを炒める

それでは、つくってみましょうね。まず、ココットにオリーブオイルをひき、弱火で潰したにんにくの香りを出したら、ベーコンと古代麦を加え、軽く炒めます。

3 新玉ねぎを煮る

新玉ねぎの皮をむき、ヘタの部分を切って(※超重要事項。ヘタは切り過ぎると玉ねぎに火が入ったときに芯が飛び出てくるので髭の部分だけを切り取ってください)、ココットに玉ねぎを並べたら、ひたひたになるまで水とチキンブイヨンを入れます。ここは40年前と一緒ですね。弱火でじっくり1時間半ほど煮込む。個体差がかなりある野菜ですから、様子をみながら煮込み時間を調整してくださいね。つんつん、上から押してみると、中までの火の通りがだいたいわかります。見た目にも透明感が出てきたら、いい感じ。

4 調味して皿に盛る

塩胡椒で味を調えたら完成となります。

※スープ皿に玉ねぎ以外の具を敷き、その上に、玉ねぎを丸ごとのせます。ホテルのような感じで、スープをかけてお召し上がりください。これは、40年前にはありえないシチュエーションでした。でも、光陰矢の如し。新玉ねぎと古代麦のコラボは、まさに健康第一の現代スープということになります。これがうまいんだなぁ。笑。

にんじんとクミンのスープ ｜ Soupe de carottes au cumin

ガンボ・スープ ｜ Soupe Gombo

フランス風豚汁 ｜ Soupe au porc tonjiru à la française

イタリアン・ウェディングスープ ｜ Soupe Italian Wedding

冷製ギリシャ風スープ ｜ Soupe froide à la grecque

レンズ豆とチョリソーのカレースープ ｜ Soupe de lentilles au chorizo

ムール貝のサフラン風味のクリームスープ ｜ Crème de moules au safran

ホワイトアスパラのヴルーテ ｜ Velouté d'asperges blanches

09

にんじんとクミンのスープ

Soupe de carottes au cumin

最高のおばあちゃんの味

子供の頃はにんじんが嫌いでしたが、大人になってこのおいしさがわかるようになりました。そして、なぜか、にんじんと健康は昔からセットでして、フランスでもにんじんは体にいいという噂しかききません。けれども、これはにんじんに実に失礼な話で、ぼくはにんじんが健康にいいとか悪いとか以前に、にんじんは美味しいから食べるようにしています。笑。

とくに今回、紹介するにんじんのスープは数あるにんじんスープの中でも本当にうまい。理屈抜きに美味しいことは請け合います。にんじんとクミンの相性が抜群にいいことは昔から知られていたことですけど、このにんじんの持つ自然な甘みと苦みにクミンが加わることで全く新しいスープが生まれてしまうことに着眼した人は天才でしょうね。そこで、ぼくはそこにひと手間加えて、さらに旨味を凝縮したスープを作るのですが……。そのきっかけは、八百屋で知り合った名前も知らないおばあちゃんのアドバイスでした。

このおばあちゃん、なぜか理由はわからないのですが、ぼくを見かけるとぼくのところにやってくるようになります。スーパーで買い物をしていると、どこからかこのおばあちゃんがやって来て、「あのね、君、はちみつがほしいのよ」と言うのです。それでぼくはおばあちゃんをはちみつコーナーに連れていくわけです。しばらくすると、「あのね、栗の缶詰に手が届かないのよ」と言いに来るので、ぼくがかわりに棚の一番上からとってあげたりしておりました。

「おばあちゃん、ぼくはね、店員じゃないんだよ。普通のお客さん。日本人なの」と教えたら、「あんたが店員じゃないことくらいわかってるよ。でも、あんた優しそうだからさ」と言われて、ちょっと嬉しくもありました。

買い物の時間がいつも一緒だから、おばあちゃんはぼくを見かけるとやって来る。そして、新聞が読みたい、とか、バゲットをとってくれ、といろいろと注文され、しまいには、「買ったもの、レジまで運んでくれないか、お兄さん」と言われたりしたのです。62歳なのに、おばあちゃんからするとぼくはヤングマンなんだろうね。嬉しいじゃないの〜。

ところがある日、野菜コーナーでぼくがにんじんを物色していたら、後ろから、「それはスープにしたらうまいよ」と声がかかったのでした。ははぁ、と思って振り返ると、やっぱり、おばあちゃんが得意げな顔で立っていたのです。

「クミンとにんじんのスープだよ。知ってるかい？」

「知ってますよ。大好きです」

「ほー、そうか、日本の若者も、うまいもの知ってるな。じゃあ、にんじんは煮てジューサーだね？」

「ええ、普段は、そうしています」

「じゃあ、今夜はオーブンでグリルにしてからジューサーにかけなさい。驚くくらいにうまいぞ」

と言うじゃありませんか。

「なんでですか？」

「あのね、日本の友よ、理由なんかないよ。オーブンで作るとなんでもうまいから、やったら、本当に美味しかっただけ。でも、おすすめだよ。余計なことは考えるな、美味しければいいじゃないか」

最高のおばあちゃんなのです。

ということで、葉っぱ付きのにんじんを買って帰り、オーブンで焼いてからジューサーにかけて作ってみたら、わお、凄い！　めっちゃ甘いし、広がりがあります。味がぎゅっと濃縮された感じになっているじゃないですか。

ということで、今回は、名前も知らないおばあちゃんから教わった「にんじんとクミンのスープ」をつくってみることにします。

Recette

にんじんとクミンのスープ

Ingrédients | 材料（4人分）

にんじん	500g（正味）
玉ねぎ	小1個
しょうが	小さじ1（みじん切り）
にんにく	1片
クミン	小さじ1
野菜ブイヨン	半個
バター	10g
塩	適宜
粗挽き黒胡椒	適宜
生クリーム	50mℓ
オリーブオイル	大さじ1
水	500mℓ

Préparation | つくり方

1 にんじんの下ごしらえ

まず、オーブン皿にオーブンシートを敷いて、太めの輪切りにしたにんじんを並べ、オリーブオイル（分量外、全体に軽く回しかける）、塩、クミンひとつまみ（分量外）をかけます。

2 にんじんをオーブンで焼く

180℃に予熱したオーブンで30分ほど（個体差、アリ）焼き、にんじんに焦げ目がつき始める手前でオーブンから出してください。

3 そのほかの材料を炒める

その間に、ココットにオリーブオイルをひき、みじん切りにしたにんにく、しょうが、玉ねぎをじっくり炒めておきましょう。玉ねぎによく火が通ったら一旦火を消しておいてください。

4 煮る

にんじんが焼き上がったらココットに入れ、水とブイヨン、クミンを加え、15分ほど煮るのです。ここはおばあちゃんの指示にはありませんでした。笑。

5 なめらかにする

ハンドブレンダーでスープ全体がなめらかになるまで潰し、最後にバターを加え、完成となります。ハンドブレンダーがない場合、ミキサーにかけてまた戻す、でOK。

6 仕上げる

生クリームに塩ひとつまみを加え、泡立てます。塩は入れすぎないようにしてください。八分立てくらいに泡立ったら粗挽き黒胡椒を加え、カップに注いだスープの上にのせ、いただきます。これが、これが、にくたらしいくらいにうまいのです。ボナペティ。

※あ、言い忘れた。この残ったにんじんの葉っぱですが、辻家ではかき揚げにしてお蕎麦で残さず頂きます。あるいは、ふりかけにします。これが、余談ですけど、死ぬほどに美味しいんです。にんじんって、天才ですね。

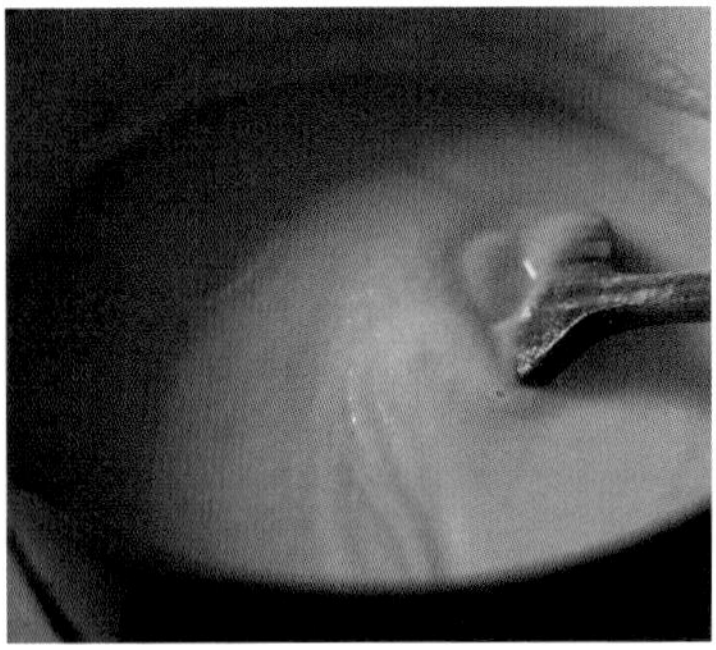

にんじんのスープは煮てからつくることが多いのですが、オーブンで焼いてからつくると、旨味も甘味ももののすごく増します。おばあちゃん、素晴らしいアドバイスをありがとう！

郵便はがき

おそれいりますが
63円切手を
お貼りください。

1028641

東京都千代田区平河町2-16-1
平河町森タワー13階

プレジデント社

書籍編集部 行

フリガナ		生年（西暦）	
氏　名		男・女	
住　所	〒 TEL　（　　）		
メールアドレス			
職業または学校名			

ご記入いただいた個人情報につきましては、アンケート集計、事務連絡や弊社サービスに関するお知らせに利用させていただきます。法令に基づく場合を除き、ご本人の同意を得ることなく他に利用または提供することはありません。個人情報の開示・訂正・削除等についてはお客様相談窓口までお問い合わせください。以上にご同意の上、ご送付ください。
<お客様相談窓口>経営企画本部 TEL03-3237-3731
株式会社プレジデント社　個人情報保護管理者　経営企画本部長

の度はご購読ありがとうございます。アンケートにご協力ください。

のタイトル

ご購入のきっかけは何ですか?(○をお付けください。複数回答可)

1 タイトル　2 著者　3 内容・テーマ　4 帯のコピー
5 デザイン　6 人の勧め　7 インターネット
8 新聞・雑誌の広告(紙・誌名　)
9 新聞・雑誌の書評や記事(紙・誌名　)
10 その他(　)

本書を購入した書店をお教えください。

書店名／　(所在地　)

本書のご感想やご意見をお聞かせください。

最近面白かった本、あるいは座右の一冊があればお教えください。

今後お読みになりたいテーマや著者など、自由にお書きください。

どうもありがとうございました。

スープな言葉③

「野菜全員がオールスターだから、美味しいのよ、お兄ちゃん」

(南イタリアのトラットリアの奥さん)

10

ガンボ・スープ

Soupe Gombo

ニューオリンズのソウルフード

今から20年前、北米をアムトラックで縦断する旅に出ていたぼくはニューオリンズでこの「ガンボ」スープと出合ったのです。黒人シェフのジョルジュさんと知り合い、アメリカ南部家庭料理レストラン（名前は忘れちゃったのですけど）の結構広い厨房で、手ほどきを受けました。「とにかく、決め手はルーなんだよ」とジョルジュさんは熱心に教えてくれました。笑うと白い歯が印象的で、大きな手で木べらを動かしながら、ガンボ料理についていろいろと教えてくれたのです。

アムトラックは、とにかくバカでかいアメリカそのもののような列車で、正面から見るとガンダムみたいな顔をしています。寝台車もかなり広くて、その列車でぼくはニューヨークからテキサスを経由し、ロサンジェルスまで旅をしました。テキサスやヒューストン、ニューメキシコなどに立ち寄りましたが、その中でも、ニューオリンズは忘れられない土地となりました。アムトラックがニューオリンズに入る頃から何か得体の知れない予感、霊的な波動がひたひた、ひたひたと迫ってくるのです。まっさきに窓から見えたのは地面に居並ぶ夥しい数の石のお墓でした。

ニューオリンズは陽気な街で、カントリーやブルーズの音がそこら中で溢れていて、楽しかったのですが、夜になると、不意に世界が一変、ぼくは深夜に何度も幽霊の襲撃を受けることになります。ぼくはもともと霊感が強いので、こういうことは珍しくないのですが、手ごわい相手でした。夜中に、ぐんと激しい衝撃を受け、目を覚ますと、ぼくの左手首を黒い女性の手が押さえつけていました。顔とか身体は見えません、見えているのは腕だけ……。念仏を唱え、何度も払いのけ、その度にシャワーを浴びに行くのですが、明け方、なんとか霊を払いのけシャワーを浴びようとしたら、なんと、風呂場の戸が内側からカギをかけられ開かないじゃないですか！　さすがに悲鳴を上げてしまいました。ニューオリンズ全体が沼地のような独特の空気感を有しており、霊魂と生きている人々が共存をしている、そんな印象だったのです。

そのことをジョルジュさんに伝えると、ガンボを食べたら、霊が寄り付かなくなるから、たくさん食べなさい、と笑いながら教えてくれました。どこまで信憑性のある話か分かりませんが、彼が作ってくれたトロトロのガンボは、ぼくがアメリカで暮らした一年間の中で、もっとも美味しいスープ料理でもありました。不思議な粘り気がもたらすエネルギーがぼくにこれまでにないパワーを注入してくれたのです。それ以降、ぼくは元気が出ない時にガンボを作って食べています。そういえば、あれ以来、霊には取りつかれていませんね、えへへ。

さて、では、ガンボ・スープを皆さんと一緒に作ってみたいと思います。もっとも大事なことは、根気強くルーを作ることにあります。

Recette

ガンボ・スープ

Ingrédients | 材料（4人分）

小麦粉	½カップ(50〜55g)
バター(無塩)	½カップ(80g)
玉ねぎ	小1個
セロリ	1本
にんにく	4片
オクラ	200g
赤ピーマン(パプリカ)	1個
有頭海老	10尾
トマト水煮缶	½缶
チキンブイヨン	1個
レッドペッパー	小さじ2
チリパウダー	小さじ2
塩	小さじ2
黒胡椒	小さじ1
パセリ	適量
水	1.5〜2ℓ

Préparation | つくり方

1 ルーをつくる

フライパンを弱火から中火のあいだで熱し、バターを溶かし、そこに小麦粉を投入し、木ベラでとにかく、根気強く根気強く火を入れていきます。最初はクリーム色系ですが、15分から20分炒めていくときつね色に変わります。「焦がさないように、目を離さないこと。手を休めないことが大事だよ」とジョルジュ先生は教えてくれました。

2 野菜を炒める

その横で、鍋にちょっとだけサラダ油(分量外)をひいて、みじん切りにした玉ねぎ、セロリ、にんにくを軽く炒めます。そこに先の**1**のルーを投入し、混ぜてください。なじんだら、トマト水煮缶、1cmにカットしたオクラ、ざく切りにしたパプリカを入れ、有頭海老の頭の部分には味噌が入っているので茶こし袋の中に詰め、だしをとるために、一緒に入れます。

※海老は火を入れすぎるとぱさぱさになってしまうので、身の部分は最後に入れます。

3 水を加え煮込む

さて、そしたらそこに、今度は少しずつ水を加えていくのですが、これが結構な量を入れることになります。チキンブイヨンを一つ放り込んで、弱火にし、1時間半くらい煮込むと野菜の味が出てきます。

4 調味する

レッドペッパー、チリパウダー、黒胡椒、塩、みじん切りのパセリなどで味を調えます。最後に、海老の身を入れて、火を強め、海老に火が入ったら完成となります。

※トロトロのガンボの食感は本当に癖になりますよ。カレーに飽きたら、ガンボです。ボナペティ!

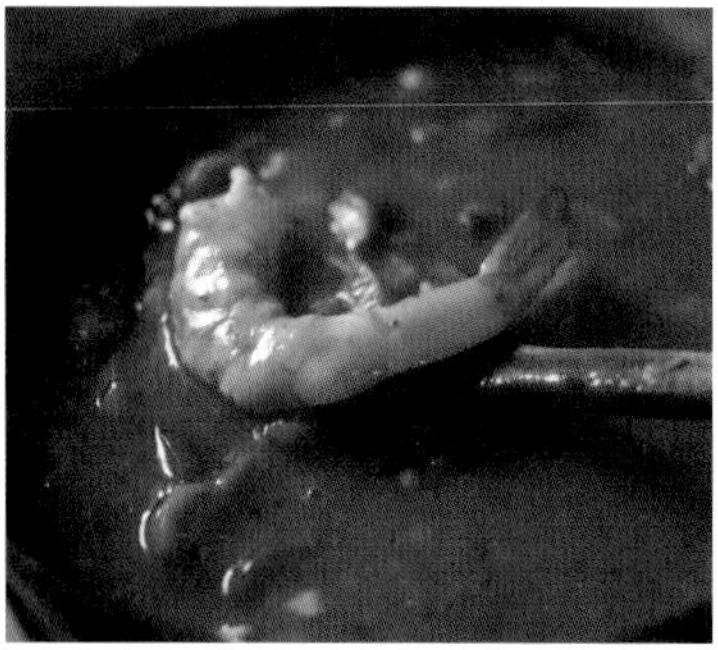

トロトロで濃厚、独特な味わいのガンボ・スープは、オクラをたっぷり入れること、じっくり煮込むことで野菜の旨味もしっかり出ます。きっと何度もつくりたくなりますよ！

スープな言葉④

「コツはね、
前日の仕込みと裏ごしだよ」

（老舗レストランのオーナー、ラモンおじさん）

11

フランス風豚汁

Soupe au porc tonjiru à la française

日本人もフランス人も大満足

ぼくは小学生の頃、帯広市に住んでいたことがありました。帯広には自衛隊の駐屯地があり、ここでよく自衛隊員と触れ合うイベントが行われていたのです。そこで毎年必ず出されていたのが、豚汁とおにぎりでした。この豚汁が本当においしくて、寒かったからかもしれないけど、小学生だったぼくの脳裏に強く焼き付くことになります。

それから函館に転校をして、ぼくは函館西高等学校の柔道部に入るのですが、いや、信じてもらえないかもしれないけど、ぼくは70kgも体重があり、〝寝技の辻〟という異名をとっておりました。笑。ちょこまか動くちびのぼくは、大きな対戦相手の背後に回り込み、そのまま、寝技に持ち込んで、背後から絞めて落とすのが得意だったのです。

で、どこだったか忘れてしまいましたが西高柔道部が冬の遠征試合に出かけたことがあり、その時、試合の後に出てきた豚汁がまたまたうまかった！　試合に負けた悔しさとあの柔らかい豚のうまみが青春の一撃となって、心に焼き付くことになるのです。その後、ぼくは35歳から映画監督なんかもやるようになりますが、撮影が長引くと、夜食でよく豚汁が出てきました。やはり寒い冬の撮影の時なんかにドラム缶の火を囲んでスタッフと食べた豚汁は、まじ、忘れられないごちそうでした。

もちろん、フランスに豚汁はありません。そして、フランス料理と豚汁は見事なほど、相性が悪いですね。ある時、フランス人の友人が「豚の味噌汁を日本で食べたことがあるけど、あれはうまかった、あれがもう一度食べたい」と言い出したのです。「寒い日だったから、ものすごく心に染みたんだ、ムッシュ」

「それは豚汁というんだよ。いいだろう、作ってやろう」

しかし、せっかくフランスで出すので、ちょっとだけアレンジして、フランス人の口にあう全く新しい豚汁を創作してみたところ、これが、豚汁を食べたことのないゲストにも大受けで、彼らは「トンジル」と大騒ぎして帰っていくことになるのです。

実は、フランス料理によく使われる「ティムート」と呼ばれるスパイスがあります。最近では、チョコレートとかケーキなどにも使用される胡椒ですが、花椒とか四川胡椒とか中国の刺激の強いスパイスにも通じるところがありますね。これを隠し味で入れてみたのです。あと、ちょっとバターも使います。数滴、生クリームを垂らしてもいいですね。豚以外の野菜はその時の旬のフランスの根菜などを使うのですが、ぼくが必ず入れるのは、フヌイユ（ウイキョウ、フェンネル）です。なかなか悪くないですよ。もはや豚汁ではなく、トンジルなのですが、フランスで進化を遂げた豚汁、今日はぜひ、皆さんと一緒に作ってみたいと思います。

Recette

フランス風豚汁

Ingrédients | 材料（2人分）

豚バラ肉	50g
にんじん	1/3本
紫玉ねぎ（小）	1/2個
ズッキーニ	1/2本
ウイキョウ	1/3株
かぶ	1/2個
お好きなきのこ	少々
アスパラガス	2本
味噌	大さじ1
だしパック	1個
みりん	小さじ1
オリーブオイル	大さじ1
バター	10g
ティムート胡椒	少々

Préparation | つくり方

1 下ごしらえして炒める

すべての食材を一口サイズの薄切りにします。ココットにオリーブオイルをひいてアスパラ以外の材料をすべて炒めます。

2 煮込む

野菜がしんなりしたらひたひたになるまで水を加え、だしパックを入れて、10分ほど煮てください。あまり煮すぎないのがポイントです。

3 調味する

みりんを加え、味噌を溶かし、味をみます。アスパラは別にゆでて、あとからのせてくださいね。彩りとアスパラの風味が豚汁をさらに別次元へと連れていきますよ。味噌が負けないように、気持ち濃いめに仕上げてください。

4 器に盛る

食べる寸前にバターをのせ、ティムート胡椒をふりかけ、バターを溶かしながら食べます。

※最高なんです。フヌイユとティムートとバターと味噌と豚の織り成す意外なハーモニー、四川風札幌味噌バターラーメン？　ああ、それ、おしいけど、確かにそんなイメージです。ボナペティ！

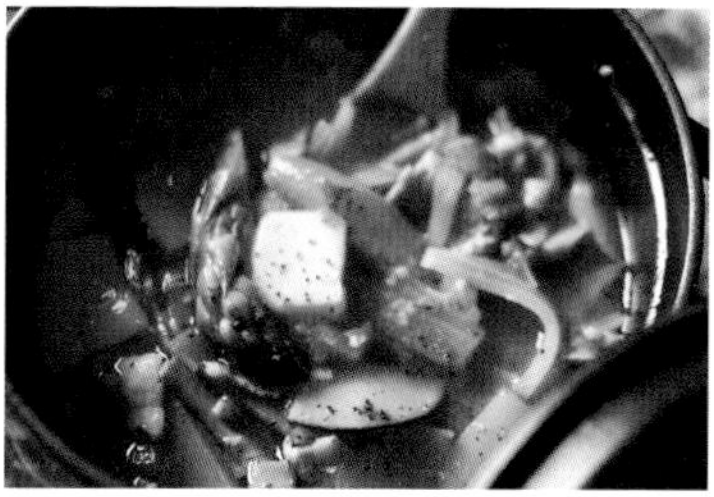

12

イタリアン・ウェディングスープ

Soupe Italian Wedding

野菜と肉のマリアージュ

英語でイタリアン・ウェディングスープと名付けられたこのスープ、イタリアの結婚式に必ず出てくるスープとして、世界中にその名を知られております。ネットで見ても、時に料理雑誌などにも、「イタリアの結婚式で出されるスープ」と出てきます。ところがところが……。実は全くのデタラメでして、イタリアの結婚式に鶏団子スープは出てきません。息子の大親友アレクサンドル君のお父さん、ミラノ人のロベルトに確認したから、間違いありません。

じゃあ、このスープ本当は何という名前なのでしょう。調べましたら、イタリアでこのスープをミネストラ・マリタータ（minestra maritata）と呼びます。

マリタータとは、既婚者という意味らしいですね。フランスでも組み合わせることをマリアージュ（結婚）させると表現します。このスープの場合、緑黄色野菜と肉がよくマリアージュしたスープという意味なのだそうで、えええ、そうなんだ、つまり誤訳?? はい、どこかの有名料理雑誌にかつて誤訳され、そのまま世界中に、イタリアにおける結婚式のスープとして伝わったというのが真実……。

しかし、この間違い、なんとも面白い。結婚式でイタリア人がこの鶏団子スープを家族一同ですすっている姿は、実に微笑みを誘われます。なにより、イタリアン・ウェディングスープというネーミングが可愛らしいですね。

さて、実際のこのスープ、イタリアで食べた(すすった)ことがありますけど、あまりにシンプルで、おとなしい、上品なスープなのです。もう、なんにも癖がなくて、鶏のダシだけで出来た、あまりに健康的なスープ。日本のお雑煮みたいな、まさに、あれなんですよ。最初、一口目は物足りなさが舌先に不満を募らせるのですが、二口、三口とスプーンで掬って頂いているうちに、あれ、すごい、マジ？　癖になるというのか、その素晴らしさが分かってくるわけです。

ぼくが一番、胸を張って皆さまにお伝えしたかった、まさに、食べるスープの真骨頂でありながら、しつこくなくて、何杯でもいつでも頂きたくなる家庭料理の定番中の定番というわけです。だから、レシピといえるような作り方ではないのですけど、丁寧にダシをとり作っていただければ、と思います。さっそく、一緒に作ってみましょうね。

Recette

イタリアン・ウェディングスープ

Ingrédients | 材料（4人分）

【鶏団子】

- 鶏挽き肉（ささみ、もしくは胸肉）……400g
- 食パン（8枚切りを粉砕する）……1枚（またはパン粉大さじ2）
- にんにく（みじん切り）……1片
- 乾燥オニオン（粉）……小さじ2
- 黒胡椒（ひきたて）……小さじ1
- イタリアンパセリ（みじん切り）……大さじ6
- 卵……1個
- パルメザンチーズ（すりおろす）……大さじ3

鶏ブロード*……1.5ℓ（または固形ブイヨンでも可）

ほうれん草（できればベビーほうれん草）またはケールなど緑の野菜……お好み量

ショートパスタ（小さめ）……½カップ

＊鶏ブロード

- 水……2ℓ弱
- 鶏の骨や手羽先など（フランスの鶏もも肉は骨つきで売られているので、骨を取ったら必ずブロードの材料にします）
- 玉ねぎ（大）……1個
- にんじん……1本
- セロリ……1本
- ローリエ……1枚
- 塩……小さじ1
- 黒胡椒（粒）……小さじ1

Préparation ｜ つくり方

1 鶏団子をつくる

ボウルに挽き肉を入れ、鶏団子の材料をすべて入れ、よく練ります。

2 パスタをゆでる

ショートパスタはアルデンテにゆでてザルに上げておいてください。

3 ブロードをひく

ブロードの材料をすべて鍋に入れ、アクをしっかり取りながら1時間ほど煮込んでおきます。好みの塩加減にしたら綺麗に濾します。

4 鶏団子を煮る

3のブロードを沸かし、鶏団子を丸めながら入れていき、しっかり火が通るまで15分ほど煮てください。アクはほとんど出ませんが、もし出たら、取ってね。

5 仕上げる

鶏団子に火が入ったら、ほうれん草、2のパスタを加え、好みの状態に火を入れたら完成となります。器に盛って、たっぷりのパルメザンチーズ(分量外)をおろしかけて召し上がれ。ボナペティ!!!

13

冷製ギリシャ風スープ

Soupe froide à la grecque

口の中に清涼感が広がる

　ぼくはギリシャの、特にエーゲ海に浮かぶ島々、ミコノス島とかサントリーニ島が好きで、もちろん、風光明媚というのは当たり前なのだけど、人々が純朴で心が洗われ、何より食材の宝庫で、心にも目にも胃にも最高なのです。

　サントリーニ島などは、傾斜地に段々に建てられた白い家々が有名ですが、その一軒を借り、波立たない静かな海をただじっと眺めるだけで、人生がリセットできるというもの……。当然、そういう場所だから、食べ物も凝ったつくりのものはほとんどなく、だいたいはグリル料理になります。釣れたての魚があんなに美味しいのだから、野暮なソースなどかけず、焼いて塩コショウで、そのまま食べるのが一番なのです。

　ともかく、フランスにあるギリシャ料理店は、高級店というよりもどこか惣菜店という感じのところがほとんどで、大きい店になると惣菜店の横にちょこっとテーブル席が付いていたりする、程度がせいぜい……。レバノン料理やトルコ料理にも通じるところがありますけど、味はシンプルで日本人向き、胃袋が疲れている時、軽く済ませたい時なんかに便利で、ぼくはむしろ真夏の暑い時に、胃袋を休めたいなぁ、と思うと近所のギリシャ料理店にギリシャ風サンドイッチとか、グリルされた野菜とか魚を買いに行くのです。その中にフランス人にも大人気のザジキ（チャツキー）という名前の胡瓜とヨーグルトの和え物があります。

　見た目は日本の白和えみたいなものだけど、ハーブが利いていて、頬張ると口の中に清涼感が生まれます。欧州の人は、夏の暑い時期にこれをパンに塗って、白ワインと一緒につまむ。このザジキをスープ状にしたような一品が今日紹介するギリシャ風スープ。冷蔵庫で冷やして、食欲のない暑い日などに、これを飲むだけでも、にんにくも入っているし元気が回復するのです。しかも、とっても簡単。暑い季節、ぜひ、ご自宅で試してください。

Recette

冷製ギリシャ風スープ

Ingrédients | 材料（2人分）

きゅうり	1～2本(150g)
ギリシャヨーグルト(またはブルガリアヨーグルト)	150g
にんにく(みじん切り)	1/4片
レモンの搾り汁	1/8個分
ミントの葉	10枚
塩	適量
黒胡椒	適量
オリーブオイル	大さじ1と1/2

Préparation | つくり方

1 すべてをつぶす

きゅうりは乱切りにし、オリーブオイル以外のすべての材料をボウルに入れ、ハンドブレンダーで丁寧につぶします。

2 冷蔵庫で休ませる

なめらかになったら冷蔵庫で1時間ほど休ませてください。

3 仕上げる

オリーブオイルを加え、さっと混ぜて、え???　はい、もう完成なのです。器に注ぎ、みじん切りにしたきゅうり(分量外)、ミントの葉を飾り、オリーブオイルを一筋垂らしてから、召し上がれ。

※ジトッとした真夏の午後を癒やす美味しい一皿となりますよ。ボナペティ!

材料をすべてつぶして冷蔵庫で休ませてオリーブオイルを加えて混ぜるだけ。ものすごく簡単なスープですが、素晴らしく美味しくて爽やかで、元気になります！

14

レンズ豆とチョリソーのカレースープ

Soupe de lentilles au chorizo

スリランカとスペインの融合

20代の中ごろ、ぼくはスリランカに行きました。かつて、セイロンと呼ばれていた国ですが、ぼくが訪れた時にはすでにスリランカに国名が変更されていました。最大の都市コロンボから車で1時間ほど走った内陸の村で暮らす少年に会いに行ったのです。

当時、ぼくは友人に誘われ、貧しい国の子供の教育を援助する活動に参加していました。チャンダシリという名前のお坊さんが、その地域の教育支援活動を束ねていました（スリランカは7割くらいの国民が仏教徒）。彼の寺に立ち寄った時のことです。昼食だったか、朝食に出されたのがレンズ豆のカレースープでした。それが、美味しい、というより、実に素朴なスープでして、スパイシーというわけでもなく、カレー風味なんですが、味が薄い。ただ、健康には良さそうで、その風土に見事に馴染んでいたのを覚えています。食べながら、というのも、スープなんだけどレンズ豆は形がきちんと残っていたので、よく噛んだ印象があり、まさに食べるスープそのものでした。

チャンダシリさんのお寺の裏は地平線が果てしなく続く荒野で、彼方を象の群れがゆっくりと移動していました。あの光景はそれから35年ほどの歳月が流れた今でも、克明に思い出すことができ、ぼくに想像の光を投げかけてきます。

月日が流れて、スペインを旅した時のことです。それがどこでどういう場所で食べたのかは思い出せないのですけど、食事についてきたのがチョリソーのスープでした。その土地のものか、それとも創作なのか、わかりません。チョリソーはイベリア半島発祥と言われる豚とスパイスによる腸詰ですが、非常にスパイシーで味がしみ込んでいます。夏の暑い時季にこれとビールが最高なのですが、そのチョリソーのスープに少しレンズ豆が混ざっていて、口に含んだ時に、そこはスペインだったというのに、なぜかぼくは20代の頃に見た象の群れを思い出してしまうのです。

パリに戻って、スペインとスリランカを組み合わせてつくったのが、ご紹介する「レンズ豆とチョリソーのカレースープ」となります。トマトの酸味とチョリソーの辛味と旨味、カレースパイスによる風味、そしてレンズ豆の食感が入り乱れる、実に風味豊かな食べるスープなのです。

チョリソーの持つ肉感がトマトの酸味と合わさり、噛むたびに美味さを引き連れてきます。その合間にレンズ豆の不思議な食感が混ざり、頬が緩みますよ。なにせ、スリランカとスペインの融合なのですから……。食の中継地であるパリだからこそ生まれた、まさにパリ・スープと呼ぶに最適な一品ではないか、と自負しております。カレーとチョリソーの質の違う辛さがほんのりと香り、食欲がない時の栄養補給にも最適じゃないでしょうか？夏に飲むべきスープなのです。

では、早速、つくってみましょう。

Recette

レンズ豆とチョリソーのカレースープ

Ingrédients | 材料（4人分）

レンズ豆	150g
チョリソー	150g
プチトマト	20個
玉ねぎ	1個
生姜	1片（3㎝くらい）
にんにく	1片
トマトペースト	大さじ1
カレー粉	大さじ2と½（クミン、ガラムマサラ、ウコンなどお好みで調合したもの）
バター	10g
チキンブイヨン	1個
コリアンダー	適量（香草）
塩	適量
胡椒	適量
オリーブオイル	大さじ1

Préparation | つくり方

1 香味野菜を炒める

まずは、オリーブオイルと潰したにんにくを弱火にかけてください。いつものように、香りが出てきましたら、みじん切りした玉ねぎと生姜をそこで炒めます。

2 カレー粉を加える

玉ねぎが透明になったらカレー粉、バター、トマトペーストを加え、中火で1〜2分ほど混ぜながら火をいれます。

3 煮込む

チョリソーと刻んだコリアンダー、軽く洗ったレンズ豆を加え、ひたひたになるまで水を入れ、ブイヨンを加えて、弱火でコトコト、煮込んでください。

4 仕上げる

1時間ほど煮込んだら二つに切ったプチトマトを加え、さらに、15分ほど煮込み、仕上げの塩、胡椒で味を調えたら完成となります(水分が吸われてなくなる場合があるので、その都度、水を足して、スープらしさを残してください。煮詰めすぎるとレンズ豆カレーになってしまいますので、注意です)。

※お好みで、刻んだコリアンダー、それから、小さじ1程度、ちょっとオリーブオイルを加えても、風味が増して、よろしいかと思います。スパイシーなレンズ豆とチョリソーのカレースープでぜひ残暑を乗り切ってください。ボナペティ!

15

ムール貝のサフラン風味のクリームスープ

Crème de moules au safran

サフランと海の香りのメランジュ

渡仏直後の20年前、まず、驚いたのが、フランスの冬のレストランでは、ムール貝とフリットのセット、いわゆる「ムール・フリット」が大人気だった、ということ。ぼくは高校時代を函館で過ごしたので、ムール貝は波止場の桟橋や船底にくっついている得体のしれない黒い貝という印象があったのですが、これを欧州ではみんなが美味しそうに食べていて、最初はなんとなくびびって、敬遠していたものです。

ところが、ベルギー旅行した際、この国の名物だと言われ、出てきたのがムール・フリットでした。国をあげての名物なら食べないわけにはいかない、と思って食べたら、普通に美味しかった。その後、ムール・フリットはぼくの好物の一つになるのですけど、桟橋の貝というイメージを一新させてくれたのは、フランスの高級レストランで食事をした時のことでした。

たぶん、ポール・ボキューズの店だったと思うのですが、そこで食べたムール貝のクリームスープのなんともまろやかで、くちどけのいい美味しさにやられました。サフランと海の香りの仄かなメランジュ（混ざり合い）が最高で、忘れられない出合いの一品となりました。

あれを自宅でも作ってみたい、と思っていたのですが、海辺の町に引っ越した直後、海辺のマルシェでこのムール貝を見つけ、それは天然ものでしたが、当時の味を思い出しながら、真似てみたら、あら、とっても美味しいではありませんか……。

これは、いつか紹介をしなければ、と思って、練習を重ねていたのです。そして、ついに、登場とあいなりました。

フランスの海沿いの町ではムールも牡蠣も一年中新鮮で、美味しくいただけますので、腕によりをかけて、久しぶりに挑戦をさせていただきました。

決め手はサフランになります。サフランは、かのクレオパトラが殿方とお会いになる際に、サフランの湯舟に浸かったと言われるほどの独特の香りのする香辛料でございます。アロマオイルなどの原材料にもよく使われていますね。ほんの一つまみで、かなり強い香りを広げます。古代ギリシャなどですでに栽培されていたと言われています。

実は、この強いサフランの香りが魚介類の生臭さを消してくれるのです。なので、ムール貝のもつ海臭さも、このサフランを入れることで中和されていきます。抗酸化成分も豊富で、健康にも役立つ香辛料なのです。今回ご紹介するムール貝のスープは、サフランを実に上手に活用したスープと言えるでしょう。日本でもモンサンミッシェル産などの輸入冷蔵ムール貝が手に入りますし、広島産なども出回っていますが、自生しているムール貝は貝毒などもあるので避けて、安全のために、販売されているものを食べましょう。

では、早速、ムール貝のサフラン風味のクリームスープを作ってみます。

Recette

ムール貝のサフラン風味のクリームスープ

Ingrédients | 材料（4人分）

ムール貝	500g
エシャロット	2個（または玉ねぎ小1個）
ポワローねぎの白い部分	½本
にんじん	4㎝程度
白ワイン	100mℓ
生クリーム	100mℓ
水	500mℓ
サフラン	15本
バター	20g
にんにく（つぶす）	1片
パセリ	適量
塩	適量
胡椒	適量

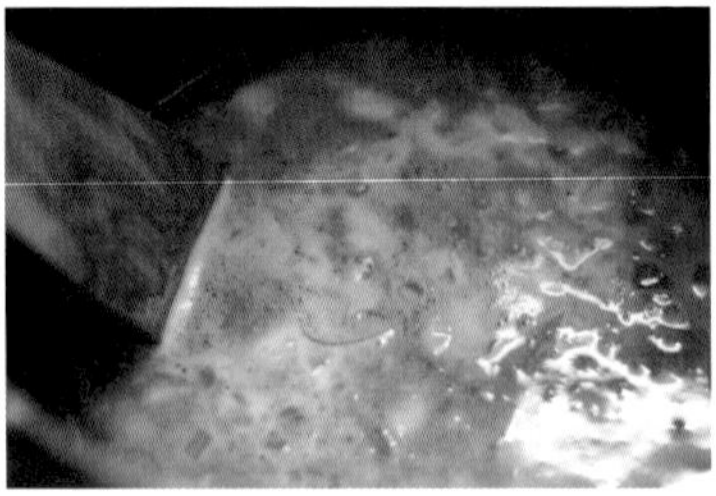

Préparation | つくり方

1 ムール貝の下ごしらえ

まず、ムール貝をよく洗い(ごしごし、殻と殻をこすり合わせ)、ザルで水気を切ります。鍋にバター10gを溶かし、にんにくと、みじん切りにしたエシャロットを焦げないようにゆっくり丁寧に炒めていきます。

2 ムール貝を蒸す

1に白ワインを加え、沸騰したらムール貝を投入し、蓋をして7分蒸します。ムール貝が開いたら鍋からムール貝を一旦取り出し、飾りの分を残して殻から身を外してラップをしておいてください。

3 野菜と合わせる

違う鍋にバター10gを溶かし、小さく切ったポワローねぎとにんじんを加え、こちらも焦げないように炒めていきます。野菜がしんなりしたら水を加え、2のムール貝の身を半分とムール貝の煮汁、サフランを加えて野菜を煮ます。

4 なめらかにする

野菜が柔らかくなったらハンドブレンダーでつぶします。

5 仕上げる

最後に生クリームを加え、塩、胡椒で味を調えたら、はい、完成。スープをお皿に注ぎ、ムール貝の身と殻付きのムール貝で飾り、パセリとサフランをちらして召し上がってください。ボナペティ！

16

ホワイトアスパラのヴルーテ

Velouté d'asperges blanches

季節の食材のエキスが詰まっている

春になると、マルシェの八百屋の軒先に、ひと際目を引くホワイトアスパラの白い塔が聳《そび》えるようになります。まさに、春を象徴する一番の野菜と言っても過言ではありません。この時期、どこの家庭の食卓にも、どこのレストランのテーブルの上にも、このホワイトアスパラが並びます。抗酸化作用もあり、疲労回復作用もあり、貧血予防にも適しているホワイトアスパラは、まさに栄養の宝庫ですね。身体にいい上に、とっても美味しいのですから、美食家でもあるフランス人に大人気なのは当たり前……。

さて、パリ中心部に、在仏20年になるぼくが、通い続けた老舗の八百屋があります。マーシャルという大将が切り盛りをする店で、毎朝のようにマーシャルがランジス市場まで買い出しに行き、新鮮なフランス中の野菜が並ぶことで有名。名だたるシェフたちも通っています。残念ながら、ぼくは最近、田舎に引っ越してしまったので(田舎は別な意味で野菜の宝庫)、行かなくなりましたけど、個人的な付き合いもあり、テレビ番組などでフランスの野菜について語ってもらったこともあります。そのマーシャルがおすすめのホワイトアスパラは太くて、ジューシーで、もう、ソースなど必要ありません。ゆでて、ちょっと塩を振りかけただけでも、ご馳走になる、風味豊かな甘味が上品なアスパラなのです。もともとは王様の食べ物で、庶民には手の届かない食材でした。現在もフランスで高級食材であることは間違いありません。マーシャルのところでは、温和な気候で知られたランド産の高級ホワイトアスパラガスを取り扱っていて、普通のアスパラより糖度が高いので、甘味を感じますし、青いアスパラより臭みがありません。太い方が柔らかいので春になると、マーシャルの八百屋では太いアスパラの白い巨塔が聳えます。フランス人はビネグレットソースかオランデーズソースと白ワインを合わせるだけのシンプルな食べ方を好みます。このアスパラ自体に甘味や風味があるので、また、太いゆでアスパラの食感、繊維質感がフランス人の心をつかんで離さないようです。

今回は、ブイヨンを一切使わず、ホワイトアスパラの旨味だけをフランス式で抽出し、シンプルで美味しいスープのレシピとしてまとめてみました。しかし、ご安心を……。思ったよりも簡単にできるので、最近は日本でも品質の高いホワイトアスパラが手に入りますから、皆さまのご家庭の春の定番メニューに加わること請け合いでございます。

Recette

ホワイトアスパラのヴルーテ

Ingrédients | 材料（4人分）

ホワイトアスパラ	300g（正味）
じゃがいも	100g（できれば、メークインなど）
エシャロット	1個（なければ玉ねぎ小½個）
水	300mℓ
白ワイン	大さじ1
レモン汁	小さじ1
生クリーム	50mℓ
オリーブオイル	大さじ1
塩	適量
粗挽き黒胡椒	適量

Préparation | つくり方

1 下ごしらえ

まず、ホワイトアスパラをきれいに洗います。表面が筋っぽいので皮むき器を使いますが、頭から下に向けするするっと削っていくと、根元から3cmぐらいのところで自然に引っ掛かって止まります。それより下は硬いので、ここを目安に切り捨て、皮をむいた部分を2cm程度にカットしていきます。じゃがいもも同じように洗い、皮をむいて同じくらいの大きさにカットしておきましょう。

2 シュエする

鍋にオリーブオイルを入れ、みじん切りにしたエシャロット(または玉ねぎ)、じゃがいもとホワイトアスパラを加え、塩をひとつまみ加え10分くらい根気よく「suer(シュエ)」します。シュエとは、フランス語で「汗をかく」という意味の言葉で『低めの温度で野菜を炒め、野菜に汗をかかせる』こと。焼き色をつけず、野菜にもともと含まれる水分を外に出し、味を凝縮させるのが目的です。スープづくりに欠かせない大事な工程となります。

3 しっかり煮込む

10分ほどしっかり汗をかかせたら、白ワインを加えアルコール分をとばし、水とレモン汁を加えて20〜25分ほど煮込んでください。フォークでアスパラを刺してみて、すっと通ればいい状態。

4 なめらかになるまでつぶす

ハンドブレンダーでなめらかになるまでよくつぶし混ぜてください。生クリームを加え、再び軽く温め、塩で味を調えたらほぼ出来上がりとなります。
※生クリームは風味をとばさないように、最後の最後に加えましょう。

5 仕上げる

浅めのお皿にスープを盛り、ポーチドエッグ(分量外)を中央に置き、シブレット(分量外)、粗挽き黒胡椒、オリーブオイル(分量外)などをかければ完成。冒頭で述べましたように、「スープを食べる」と言う意味がよくわかる仕上がりになっていますよ。ブイヨンを使わないので、ホワイトアスパラの風味が100パーセントそのまま濃縮されています。まろやかな甘さは他の野菜では味わえない繊細な旨味が充満していますが、その中にほろ苦さを感じるのがホワイトアスパラの特徴です。栄養豊富で、立派な一食となったホワイトアスパラのヴルーテをお愉しみください。

プティ・ポワのポタージュ ｜ Potage aux petits pois

ミネストローネ ｜ Minestrone

パリ風、ポタージュ・ペキノワ ｜ Potage pékinois

あえてパリ風、ヴィシソワーズ ｜ Soupe Vichyssoise

夏のパリで愛されるトム・カー・ガイ ｜ Tom Kha Gai

セビリアのガスパチョ ｜ Gaspacho de Séville

カスティーリャ地方のアホスープ ｜ Sopa de Ajo de Castilla

ナポリの漁師料理〝アクアパッツァ〟 ｜ AquaPazza de Naples

17

プティ・ポワのポタージュ

Potage aux petits pois

春を代表する季節の味わい

さて、春を代表するフランスでもっとも有名なスープと言えば、プティ・ポワのスープです。フランス人にとってこのスープはちょっと特別な存在でもあります。

プティ・ポワは日本で言う「エンドウ豆」のこと。フランスでは野菜の中でも高級品と言えるでしょう。今日使う300gのエンドウ豆は近所の八百屋で8・5ユーロ、千円ほどします。

エンドウ豆と言えば、子供の頃、よく母親に「ひとなり、おまめさん、やるよ」とよく呼びつけられて「豆むき」を手伝わされたものです。エンドウ豆の英語表記はグリーンピースですが、日本の子供はなぜかグリーンピースは苦手ですよね。なんとなく素朴でぼさぼさしているからでしょうか、これがスープになるとこんなに美味しくなるのか、と渡仏したばかりの頃に大感動した覚えがあります。

もちろん、フランスのエンドウ豆のみずみずしさもあるのですけど、実は伝統的なレシピに秘訣があります。エンドウ豆とバターの相性が抜群で、渡仏直後、レストランの人に言われなければエンドウ豆とは気づきませんでした。今回は新玉ねぎも加えて、さらに春感を強く引き出したレシピにアレンジしてあります。季節のスープなので、莢《さや》付きのエンドウ豆をちゃんと八百屋で買って、きちんとむいて作りましょうね。

Recette

プティ・ポワのポタージュ

Ingrédients | 材料（2〜3人分）

プティ・ポワ	350g（うち飾り用50g）
スプリングオニオン	1個（70g）
じゃがいも	50g（メークインなど）
水	300mℓ
牛乳	50mℓ
生クリーム	100mℓ
バター	20g
塩	小さじ1
胡椒	少々
オリーブオイル	少々

1 下ごしらえ

まず、飾り用のプティ・ポワをゆでておきます。小鍋に水を500mℓ(分量外)くらい沸かし、塩小さじ1(分量外)を入れ、プティ・ポワを5分ゆでます。ゆで汁を別の器に残し、一度プティ・ポワを水で冷やしてから、冷ましたゆで汁にプティ・ポワを浸して、置いておいてください。

2 弱火でシュエする

ココットにバター10gを溶かし、細切りにしたスプリングオニオン、じゃがいも、塩を加えて弱火でSuer(シュエ)します。シュエとは、フランス語で「汗をかく」という意味の言葉で『低めの温度で野菜を炒め、野菜に汗をかかせる』こと。焼き色をつけず、野菜にもともと含まれる水分を外に出し、味を凝縮させるのが目的となります。

3 ゆっくり煮る

よく火が通ってオニオンがトロトロになったら、プティ・ポワと白ワインを加え、蓋をして5分ほど蒸らし、蓋を取って、全体を弱火で5分ほどシュエしてください。水を加え、15分ほど煮ます。水が蒸発していくので、絶えず材料がひたひたになるよう少しずつ足していってください。

4 牛乳と生クリームを加える

プティ・ポワが柔らかくなってきたら火からおろし、ハンドブレンダーでよく潰してなめらかなピュレ状にしていきます。ここがまさにスープをつくる醍醐味、最終コーナーを曲がり切るような臨場感あふれる場面となります。濃厚で豊かな香りにキッチンが包まれるので、幸福の場面とぼくが個人的に名付けている瞬間でもあります。幸せになりますよ。牛乳と生クリームを加え、弱火で温めましょう。

5 仕上げる

バターを加え、塩で味を調えたら、お気に入りのスープ皿にスープを注ぎ、飾り用のプティ・ポワ、オリーブオイル(分量外)を繊細に点在させ、最後に胡椒をのせて完成となります。見た目はとってもシンプルですけど、スープの鮮やかな緑、豆の深い緑、オリーブオイルのうっすらとした透明な緑が見事に織りなし、アンリ・マティスなどのフランスの抽象画のように、心を躍らされるスープ芸術の一皿に仕上がるはずです。お愉しみください。

18

ミネストローネ

Minestrone

野菜のオールスター

フランス人はスープを「食べる」と言う。このことは冒頭でも書きましたが、今回は食べるスープの代表格、ミネストローネです。

日本のレストランで出されるミネストローネはどれも赤いですよね、そして野菜が大きい。トマト率が高いということなのですけど、ぼくが南イタリアを放浪していた25年程前、ふらっと入ったご夫婦でやっていた小さなトラットリアで食べたミネストローネは赤くありませんでした。どちらかというと、緑に近かった。滞在中、毎日通い詰めた思い出があります。奥さんが「レオナルド・ダ・ヴィンチも食べていた16世紀のミネストローネにはトマトが入ってなかったの、だから本来、赤である必要がないのよ」と教えてくれたのです。「野菜全員がオールスターだから、美味しいのよ、お兄ちゃん」と言われて、目から鱗の出来事でした。そこで、ぼくはぼくなりのミネストローネを作ろうと思い立ち、約25年間、精進を重ね、ここに完成したのがこの最終形。

ごらんいただけばわかる通り、もはやスープではありません。でも、フランス人の言うところの「スープは食べるもの」思想に一致していませんか？　辻家ではこれを玄米ご飯に添え、ミラノ風カツレツをどんと上にのっけて食べたりもします。生クリームであえ、牛肉の薄切り肉にかけて食べたりもします。体調が悪い時、免疫力が下がった時にもおすすめですし、野菜嫌いだったうちの子はこの食べるミネストローネで野菜好きに変貌を遂げました。

辻家のミネストローネはまさに食べるスープの代表格なのです。ぜひ、挑戦してみてください。目から鱗のおいしさ、えへん、間違いなし。

Recette

ミネストローネ

Ingrédients | 材料（4人分）

玉ねぎ	1個
セロリ	2本
にんじん	1本
ズッキーニ	1本
パプリカ	1個
にんにく	1片
ベーコン	100g
トマト	大2個
固形チキンブイヨン	½個
白ワイン	大さじ2
オリーブオイル	大さじ1
ローリエ	1枚
塩	適宜
胡椒	適宜
パルメザンチーズ	適宜(仕上げ用)

Préparation | つくり方

1 下ごしらえ

にんにくはみじん切り、野菜は5㎜角くらいの大きさに切り揃え、トマトは湯むきしておきます。

2 炒める

ココットにオリーブオイルをひき、にんにくのみじん切りを入れて中火にかけ、香りが出たら玉ねぎ、セロリ、にんじん、塩少々を加え、中火で焦がさないように15分ほどよく炒めてください(シュエ)。この作業がスープの味を深くします。

3 残りの野菜を炒め煮る

香味野菜を、ちょっとトロッとなるくらいまで炒めたら、そこにベーコン(野菜と同じくらいの大きさ)、ズッキーニ、パプリカ、白ワインを加え、また5分ほど根気よく炒めます。具がひたひたになるくらいの水(分量外)を加え、ざく切りにしたトマト(湯むきし、だいたいで良いので、種を取る)、ブイヨン、ローリエを加え、蓋をして煮込んでください。途中、トマトを木べらなどで崩しながら20分ほどじっくり煮込むのがコツです。

4 味を調え盛りつける

ココットの蓋を取り、具がスープから少し覗くくらいまで煮詰めたら塩胡椒で味を調え、完成となります。器に盛り、パルメザンチーズと粗挽きの胡椒をガリガリふりかけて食べてください。

別の食べ方として、玄米にこのミネストローネを添え、どんと上にミラノ風カツレツを置き、パルメザンチーズをお好きなだけふりかけて、がつがつ食べるのもまた格別ですよ。ボナペティ！

19

パリ風、ポタージュ・ペキノワ

Potage pékinois

北京風ポタージュとの出合い

フランスで暮らすようになったおよそ20年前、アジア飯を無性に食べたくなり飛び込んだ中華レストランのメニューにPotage pékinois（ポタージュ・ペキノワ）とあり、北京風のポタージュとは何だろうと思って試したのが、このスープとの出合いでした。

小さなボウルに入り、6ユーロ（720円）ほどの安さ。ポタージュ・ペキノワとは、日本でも馴染みの「酸辣湯（サンラータン）」のことだったのです。Pékinoisとはフランス語で「北京風の」という意味ですが、ご存じのようにこの酸辣湯は四川地方のスペシャリテですね。

仲良しの中国人シェフ、マダム・メイライにそのネーミングの謎を訊いてみたところ、「1960年代、フランス人にとって北京がもっとも有名な中国の街だったの。フランスの中華レストランはいろいろな地方の料理を混ぜて出す店が多くて、60年代以降、『酸辣湯』のことをその知名度から『北京風ポタージュ』と呼ぶようになったのよ」ということでした。

なるほど。ピリ辛酸っぱいポタージュ・ペキノワの特徴は、白胡椒の辛さとお酢の酸っぱさにあります。ポタージュ・ペキノワはトロッとしていて、かなり具沢山、卵でとじてあることなどがポイントですが、まさに本連載の基底にある「食べるスープ」そのもの。酸辣湯がフランスに定着する中で、食べるスープを好むフランス人好みにアレンジされていったのでしょう。

　世界中の食べ物が集うここパリでは、Potage pékinoisは子供からお年寄りまで大人気のスープです。辻版Potage pékinoisは酸辣湯につきものの臭みをとり、これだけでも十分にごちそうになるよう、栄養価の高い、食べ応えのあるスープに仕上げてあります。夏場の食欲のない時にこそ、威力を発揮するパリ風ポタージュ・ペキノワ、ぜひ、お試しください。

Recette

パリ風、ポタージュ・ペキノワ

Ingrédients | 材料（4人分）

豚肉	150g（ロースなど、脂身の少ない部分または、鶏の胸肉）
木綿豆腐	250g
たけのこ	100g
キクラゲ	5、6枚
乾燥しいたけ	2枚（水で戻し水気を絞る）
卵	2個
鶏がらスープの素	小さじ2
醤油	大さじ3
米酢	大さじ2
唐辛子ペースト	大さじ½
白胡椒	小さじ1
塩	適宜
片栗粉	大さじ2
ネギ、コリアンダー	適宜
胡麻油	適宜

Préparation | つくり方

1 肉の下ごしらえ

豚肉は、分厚い1枚肉を5㎜くらいの薄さにスライスしてから調理します。なければ出来合いの焼豚を使ってもOK。

2 ゆでる

鍋に1ℓのお湯を沸かし、沸騰したら塩小さじ1(分量外)と豚肉(または鶏肉)を入れ、20分ほどゆでます。肉を取り出し、ゆでたお湯は捨てずに取っておきます。

3 切り揃える

2の肉と残りの材料を、同じサイズの細切りに切り揃えます。

4 具材を煮る

豚肉のゆで汁(アクなどを取り除いた透明の状態)に水を足して1ℓにし、火にかけ沸騰したら具材を投入します。焼豚を使う場合は水でも。

5 調味料を加える

4に鶏がらスープの素、醤油、酢(大さじ1のみ)、唐辛子ペースト、胡椒を加え、塩で味を調えます。辛さが足りなければ胡椒を加えて調整します。

6 卵を加える

弱火で10分ほど煮込んだら、溶いた片栗粉を加えて強火にしてスープにとろみをつけます。沸騰したスープの中に溶き卵を回し入れ、残りの酢を加えたら完成。

7 盛りつける

ポタージュを器によそい、胡麻油を数滴たらし、ネギとコリアンダーをトッピングして、召し上がれ。

20

あえてパリ風、ヴィシソワーズ

Soupe Vichyssoise

スープに眠る美味しい記憶

美味しいものには必ず歴史があります。そして、伝統的な料理には必ずと言っていいほど諸説が存在します。ぼくは食が人類と共に辿って来たそれらの歴史にこそ、いつも心を揺さぶられてきました。その過去を知った上で頂くと、さらに美味しさに深みが加わるという仕組みなのです。

フランスでは一般的に、じゃがいもとポワローネギが入ったクリーム仕立ての冷たいスープのことを「ヴィシソワーズ」と呼びます。暑い季節、食前に軽く添えられる冷製スープのヴィシソワーズ、お年寄りからお子さんまであらゆる人々に愛されるスープですが、もちろんその誕生秘話には諸説あります。

しかし、ヴィシソワーズの起源にまつわる中でももっとも有力視されているのが、20世紀初頭（1917年ごろ）、アメリカ・ニューヨークの「リッツ・カールトンホテル」に勤めていたフランス人シェフ、ルイ・ディア氏が考案したというもの……。フランスのヴィシー郡出身のルイ・シェフは、子供の頃に母親や祖母が作ったじゃがいもとポワローのスープに冷たい牛乳を注いで（まさに）食べていたことを思い出し、それを再現。もちろん、フランスには大昔からじゃがいもとポワローネギの温かいスープは存在していました。けれども、シェフは記憶に焼き付いていた冷たいスープのことが忘れられなかったのです。記憶というものが味を創造する。まさに、ここにも立派な伝統の継承があり、その記憶を蘇らせる中で新たな創造が生まれたということですね。ルイ・シェフは自分の郷里へのノスタルジーをその名前に込めました。こういう経緯があり、ヴィシソワーズはアメリカが発祥とされています。人に歴史があるように、スープにも偉大な記憶が存在するのです。

さて、今回のヴィシソワーズは日本で進化した洒落たアミューズのそれではありません。食べるスープの本領発揮、しっかりと食べ応えのあるクリーミーな口当たりのパリ風ヴィシソワーズということになります。ぼくは真夏の暑い食欲のない時にこれを食べます。カスピ海ヨーグルトにも似たとろみの強いスープ。見た目ではそのおいしさが説明できないので、ぜひ、トライしてください。よく冷やしたヴィシソワーズを口に入れた瞬間のあなたの喜ぶ顔が頭を過《よ》ぎります……。ボナペティ。

Recette

あえてパリ風、ヴィシソワーズ

Ingrédients | 材料（4人分）

じゃがいも	400g（メークイン）
ポワローねぎ	200g（少し味が変わりますが長ネギでも可）
チキンブイヨン	1/2個
水	500mℓ
生クリーム	200mℓ
牛乳	100mℓ
バター	15g
塩	適宜

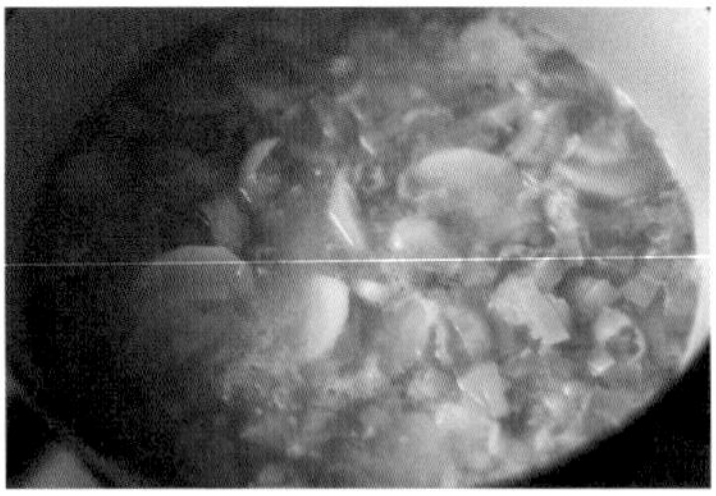

Préparation | つくり方

1 ポワローねぎを炒める

ポワローねぎを輪切りにし、バターを溶かしたココット鍋でじっくり焦げないように炒めます。

2 じゃがいもを鍋に入れる

ポワローねぎが透明になってきたら、皮をむいて輪切りにしたじゃがいもを加え、軽く炒め合わせ、材料がひたひたになるまで水を入れチキンブイヨンを加えます。

3 バーブレンダーでピュレ状にする

じっくり煮込み、じゃがいもが崩れるくらいになったら、バーブレンダーで全体をピュレ状になるまでなめらかに粉砕します。

4 濾してなめらかに

ピュレができたら、濾し器を通してなめらかにする。このスープのポイントは濾し器で丁寧に裏漉しすること！　ここで勝負が決まります。

5 冷やす

濾したスープに生クリーム、牛乳を加えよくなじませ、塩で味を調えたら完成。粗熱が取れたら冷蔵庫に入れてよく冷やします。とろみが癖になる、まさに食べるスープの醍醐味、ご賞味ください。

21

夏のパリで愛されるトム・カー・ガイ

Tom Kha Gai

ファンさん直伝の〝なんちゃって〟スープ

ベトナムレストランを経営するファンさんとの出会いは強烈でした。小柄でニヒルに微笑んでいるのだけど目は笑ってない。「俺がサルコジ大統領誕生の、フランスにおけるアジア票を取りまとめたんだ」と豪語しながら、壁にかかるサルコジ氏との2ショット写真を説明したのがぼくとファンさんとの出会いでした。本人曰く、サルコジ大統領を当選に導いたベトナム系フランス人なのだとか……。サルコジ氏との写真のその横にはシラク大統領との2ショットも。実に胡散臭い……。ぼくでも知るようなフランスの歴代の政治家、映画俳優たちとの2ショット写真が壁を占拠し、タダモノではない感が半端ありませんでした。頑固で、怪しくて、でも、不敵で、不思議なおじいさんでした。

そのファンさん、当然ベトナム料理が専門なのだけど、店には、何種類かタイ料理も置いてます。フランス人はタイ料理が好きな人が多いのですが、実は中華系やベトナム系ほどタイ人はいません。フランスはベトナムの宗主国だったので、ファンさんはベトナム戦争前にフランスに亡命してきた一族の出で、彼曰く、「貴族だった」らしい。政治家を目指すのですが、言葉の問題、国籍の問題で叶わず、一時は亡命ベトナム人たちの取りまとめ役などをしながら与党関連の仕事をしていたとか……。

中国人にも顔が広い。パリには二つの大きな中華街があり、ベトナム系もここでは結構大きな勢力を保持しています。タイ人が少ないので、本格的なタイ人経営のレストランは数えるほどしかありません。でも、タイ料理が昨今人気になってきたこともあり、常連の政治家からの要請で、ファンさんは独自に研究をし、なんちゃってトム・カー・ガイを開発。これが思わぬ大ヒットとなり、メニューに正式に加わることになったのです。

「トム（煮る）・ヤム（混ぜる）・クン（海老）」といえば、タイのピリ辛酸っぱいスープで有名だが、それに負けないほどに有名なのが、トム（煮る）・カー（生姜）・ガイ（チキン）。トム・カー・ガイはトム・ヤム・クンのように辛くない。ココナッツミルクベースのまろやかなスープで、フランス人は辛いのが苦手な人が多いので、このトム・カー・ガイの方が受けがいい。ファンさんはそこに目を付けたのです。

「ファンさん、これ、タイ料理でしょ」と言ったら、ファンさん、笑顔でウインクをしました。「サルコジを勝たせたのに、あいつは俺たちの期待には応えてくれなかった。俺たちは大いに失望したんだ。あれから政治と関わらなくなった」と話を逸らされてしまいました。しかし、間違いなく、この胡散臭いファンさんは一冊の小説が書けるほど魅力的で面白い人物でした。そして、トム・カー・ガイはタイ料理というよりもファンさんの歴史を辿るような、したたかで、甘く、辛く、ほんのりセンチメンタルな、パリ＝ベトナム風のスープに生まれ変わったのです。ファンさん直伝の「なんちゃってパリカーガイ」をお届けします。しかし、これはマジで美味い！暑い夏には最高のスープなので、お試しあれ。

Recette

トム・カー・ガイ

Ingrédients | 材料（2人分）

ココナッツミルク	400mℓ（1缶）
鶏むね肉	200g
レモングラス	1本
生姜	4枚（輪切り）
生唐辛子	2本
ヤングコーン	6本
ズッキーニ	1本
ゆで海老	8尾
ライム	½個
ナンプラー	大さじ1
砂糖	小さじ2（あればココナッツシュガー）
鶏がらスープ	小さじ1
水	1カップ
パクチー	（飾り用）
バジル	（飾り用）

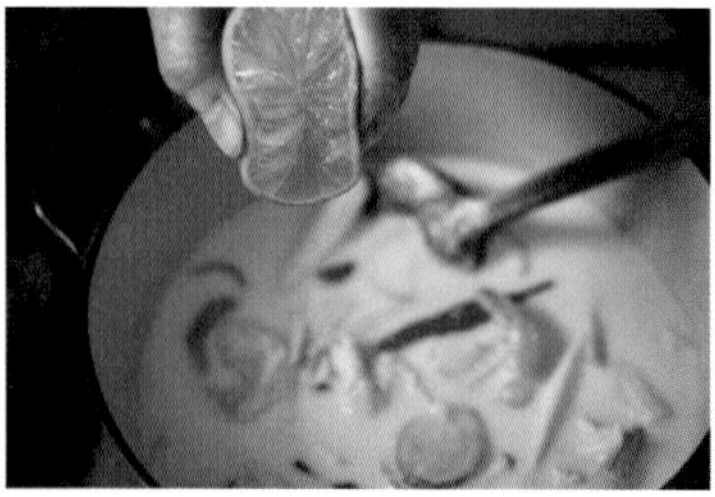

Préparation | つくり方

1 ココットを火にかける

ココットにココナッツミルク、パン切り包丁でそぎ切りにした鶏肉、2つに割って5cmくらいに切ったレモングラス、生姜、生唐辛子を入れ、火にかけます。(ぼくはパン切り包丁を使います。すると繊維が壊れて鶏肉がやや挽き肉っぽい状態になり食感や味に変化がつきます)

2 ゆっくり火を入れる

ココナッツミルクが分離しないように、沸騰させないくらいの中火でゆっくり火を入れます。

3 具材を加える

10分ほど加熱し鶏肉に火が入ってきたら、水、縦方向に2つに切ったヤングコーン、小さめに半月切りしたズッキーニを加え、ナンプラー、砂糖、鶏がらスープで味付けをします。

4 ライムを搾る

中火で沸騰直前くらいの状態をキープしながら、また10分ほど火を入れたらゆで海老を加えさっとなじませ、ライムをギュッと搾って完成。鶏肉のスープなので海老はなくてもかまいません。

※このスープは煮込みすぎないことがポイント。なので、材料さえあれば20分ほどで出来上がる、飲みたいときに飲めるスープでもあります。しかも、煮込まないので野菜の発色もよく、目にも楽しい食べるスープなのです。具の野菜はマッシュルームやパプリカなど、お好きなもので。ミルキーなのに酸味のある不思議なスープで、ファンさんの不敵な笑みを想像しながら、もう一つのパリの路地裏の味をお楽しみあれ。ボナペティ!

22

セビリアのガスパチョ

Gaspacho de Séville

ラモンおじさんの王道の味

スペインのセビリアはご存じのように、アンダルシア州の州都なのですが、日本の方々にはフラメンコで有名な街と言った方が分かりやすいかもしれません。スペイン南部なので、とにかく太陽がすぐそこに……まさに、情熱の街なのです。

夏のセビリア料理と言えば真っ先に思い浮かぶのが「ガスパチョ」でしょう。セビリアのガスパチョはとにかくシンプルで、そして、シンプルだからこそ、毎日飲める日常的健康食でもあります。トマトやニンニクをはじめとする各種野菜をミキサーにかけ、しかも、丁寧に裏漉しした舌触り、喉越しが特徴で、スペインをほぼ踏破したぼくですが、他を寄せ付けない圧倒的うまさのセビリアのガスパチョには、毎度、言葉を失っております。

もちろん、現地で、あの空気感の中、食べていただくのがベストですが、今回は、日本でセビリアの味わいを再現してもらいたく、レシピを工夫してみました。ぼくのYouTube「2Gチャンネル」でもセビリア特集をやりましたが、そこで紹介させていただいた老舗レストランのオーナー、ラモンおじさんから教わったのが、ご紹介する本場セビリアのガスパチョとなります。特段、目を見張るプレゼンテーションがあるわけでもないのですが、だからこそ、納得の王道ガスパチョです。ラモンおじさんは、コツはね、前日の仕込みと裏漉しだよ、と教えてくださいました。

いいですか？　さあ、さっそく作ってみましょう。

Recette

セビリアのガスパチョ

Ingrédients | 材料（4人分）

プチトマト	300g
きゅうり	1本
パプリカ	100g
玉ねぎ	50g
バゲット	4cmくらい（なければ食パン8枚切り1枚）
にんにく	½片
オリーブオイル	50mℓ
ワインビネガー	大さじ1
塩	適量
胡椒	適量
メロン	お好みで（飾り用、ミントでも）
カイエンペッパー	適量

Préparation | つくり方

1 下ごしらえ

トマトは湯むきし、種を取ります。きゅうり、パプリカの皮をむき、きゅうりは塩もみに。玉ねぎはスライスして水にさらします。にんにくはみじん切りしておきます。

2 マリネする

ボウルに適当な大きさに切った1の野菜をすべて入れ、小さくちぎったパン、オリーブオイル、塩、胡椒を加えてよく混ぜ、ラップをして一晩冷蔵庫でマリネしておいてください。

3 裏漉しする

翌日、ビネガーを加え、マリネした2をミキサーにかけ、裏漉しをします。お皿にスープを盛り、ズッキーニ、トマト、パプリカなど小さく切り揃えた野菜(分量外)とメロンをちらし、カイエンペッパー、オリーブオイル(分量外)をかけて完成となります。前日の仕込み、マリネ、そして、当日の裏漉し、この部分をきちんとやりさえすれば、逆に誰でも本格的なセビリアのガスパチョをつくれるというわけです。

※ガスパチョは食べる前日から準備することが、ともかく美味しく頂く一番大事なコツになるんだ、とラモンおじさんはしつこく力説しておられました。

※今回ご紹介するガスパチョは、トマトとパプリカ、玉ねぎ、きゅうりが加わったいわゆる王道のセビリア風ガスパチョとなります。裏漉しして口当たりなめらかになったスープにトッピングした野菜の食感を加えることで、ガスパチョがまさに食べるスープに生まれかわるわけです。ちょっとした労力で最大級の成果を！　ボナペティ！

23

カスティーリャ地方のアホスープ

Sopa de Ajo de Castilla

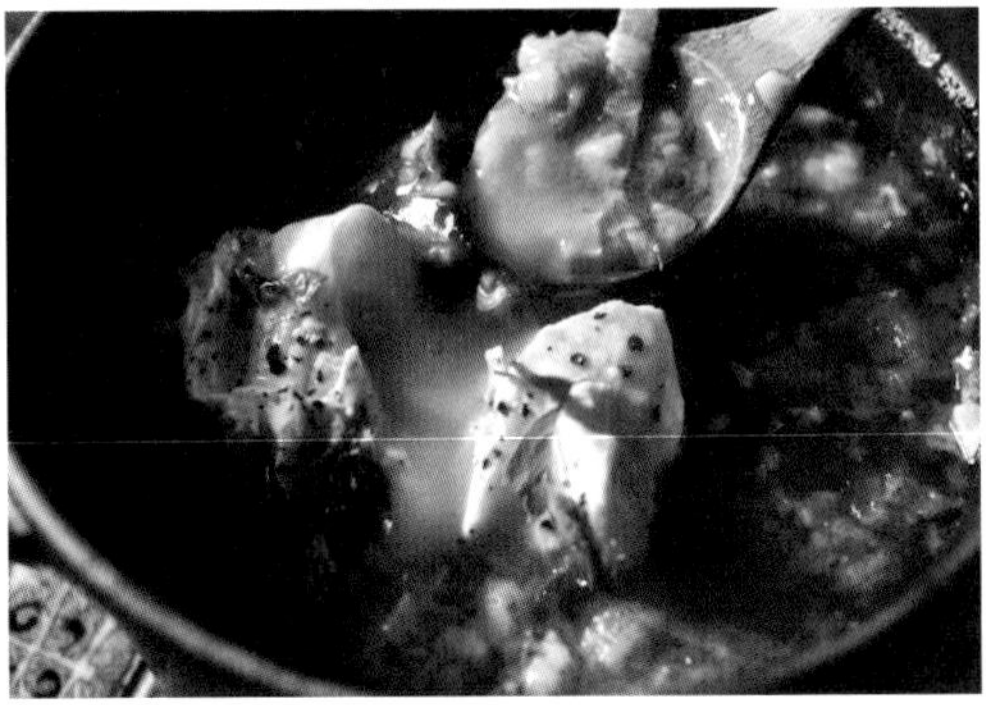

ニンニクとパンのおじやスープ

アホと言っても、あの阿呆のことじゃなく、ニンニクを意味するスペイン語です。今日、ご紹介する食べるスープは、まさに、お腹を空かせた貧しい羊飼いたちが胃を満たしたいがために、硬くなったパンを入れて胃を膨らませたというスープ。なので、残念ながらゴージャスな料理ではありません。作るのも本当に超簡単、料理とは言えないレベルですが、これが馬鹿にできない満腹感と最高の至福を連れてきます。日本だとバゲットが高級品ですから、パンであれば食パンでもなんでも構いません。

ぼくがこのスープに出合ったのは15年ほど前のこと、前の日にバゲットを買い過ぎて一本まるまる残ったことがあったのです。管理人さんがスペイン人で、たまたまキッチンの水漏れ工事が入っており（とにかくフランスのアパルトマンはよく水が漏れる。現在五カ所で水漏れ中!）、「買い過ぎて、硬くなっちゃったよ」とバゲットを指さして言ったら、教えてくれたのが、このアホスープでした。スペインのバルなんかにもあるので、旅に出て小腹が空くとよくこれを食べていました。まさに、食べるスープの名にふさわしい一品です。

材料がニンニクとパプリカ粉とパンと卵だけですから、

不安になりますが、出来上がるとこれが実に美味い！最初のパプリカ投入までの手順は、ハンガリーのグーラッシュを思わせます。欧州の伝統的手法を踏襲した庶民のスープでして、腹も満腹になるし、身体も温まるし、ニンニクが食欲をそそるし、落とした卵とスープの相性抜群で、辻家では、スペインおじやスープと呼んでいます。なんか、食感がまさにおじやなのです。「パパ、スペインのおじやスープ食べたい」と小さかった息子によくせがまれたものです。息子がたまに間違えて、オヤジスープというので爆笑でした。

日本のおやじが作るスペインのおじやスープって、dancyuの植野編集長みたいな駄洒落ですが、実は「次回はソパ・デ・アホを作って」と編集長にせがまれたのです。あまりにシンプル過ぎないか心配でしたが、思い出してちょっと作ってみたら、いやこれが、実に、美味い！　簡単！　材料費かからない！　の三拍子が揃ったのでした。

というわけで、スペインの食べるスープ、ソパ・デ・アホの登場となります。最初、水に浮かんだパンを眺めて、めっちゃ不安になりますが、ぼくを信じてください（笑）。コトコト、30分ほど煮込むこと、そして、落とした卵の蕩ける黄身とスープが奏でる羊飼い的ハーモニーによって、そのお金のない貧しい庶民の味が、カスティーリャ地方の草原で屯《たむろ》する羊たちを眺めるような感動へと私たちをいざないます。牧人のスープ、じゃあ、一緒に作ってみましょう。

Recette

ソパ・デ・アホ

Ingrédients | 材料（4人分）

にんにく	10片
ハモン・セラーノ	100g
パプリカパウダー	大さじ1
オリーブオイル	50mℓ
パン	120g（できればバゲット）
水	1ℓ
チキンブイヨン	2個
ローリエ	1枚
塩	適量
胡椒	適量
ポーチドエッグ	1個
パセリ	適量

Préparation ｜ つくり方

1 下ごしらえ

にんにくは潰して、粗めのみじん切りに、ハモン・セラーノは細切りにします。

2 炒める

ココットにオリーブオイルを入れ、にんにくを加えて弱火で香りを出します。にんにくが透明になってきたら、ハモン・セラーノをまず50g加えてなじませ、パプリカパウダーも加え2分ほど弱火で炒めます。

3 パンを加え、煮込む

2にパンをちぎって加えざっと混ぜ合わせたら、水1ℓ、チキンブイヨン、ローリエを加え、パンを崩しながら30分ほど煮込みます。

4 残りのハモン・セラーノを加える

3に残りのハモン・セラーノを加え、10分ほど煮込みます。よく煮込むことが大切です。はじめに加えたハモン・セラーノはだしとなってしまうので、2回に分けると肉の感じが残って食べがいがあります。味見をし塩、胡椒で味を調えます。

5 仕上げる

器に盛りつけポーチドエッグをのせ、パセリを散らします。

※半熟の卵とトロトロに溶けてパン粥のようになったスープを召し上がれ。ポーチドエッグが面倒くさい場合、実はスペインのおばあちゃんたちは、そのまま鍋に卵を落としています。家族分の卵を落とす場合は、くっつかないように、ソーシャルディスタンスをとって、落としてくださいね。パセリのみじん切りなどをお好みで散らして雰囲気と香りを楽しみましょう。ボナペティ！

24

ナポリの漁師料理〝アクアパッツァ〟

AquaPazza de Naples

魚の風味を取り込むことに集中!

アクアパッツァのアクアは「水」、パッツァは「奇妙な・狂った・暴れる」という意味を持つイタリア語なのです。実は、油に水を入れると跳ねたところから、この名前がつけられたと言われています。今では、アクアパッツァとは、魚介のスープのことを指すようになったのです。

もともとはナポリの漁師料理で、それこそ大昔は海水と白ワインで煮込まれていたというのですから、実にダイナミックじゃないですか? 南イタリアを旅した時に、ぼくは一度、本場のアクアパッツァを頂くチャンスがありました。あまりに美味しかったので、厨房を覗き(とっても小さな家族経営のお店)、「シニョール、めっちゃ美味しかったです。いったいどうやって作るの」とシェフに訊いたのです。「本物のアクアパッツァはブイヨンなど一切使わず、魚と貝のだしのみで作るんだよ」と教えてくれました。なるほど、だから、あの食後の後味の爽やかさに繋がるのだ、と合点がいきました。それから、ぼくは長い年月をかけて、味わう魚介のスープ料理の研究に勤しむことになるのです。

ご紹介するアクアパッツァはブイヨンやダシなど一切使わない、南イタリアのこだわり魚介汁になります。個人的には、鯛を使うことが多いですが、カサゴやスズキ、カレイなど、魚の種類は特に決まっていません。そういえば、沖縄で食べたグルクンのアクアパッツァは本当に美味しかった。そして、南イタリアも沖縄も海で繋がっているんだ、と思えば、ああ、合点がいく。魚が豊富な日本でアクアパッツァが流行る理由も頷けますね。なので、レシピにはあまり囚われることなく、魚の風味を取り込むことだけに集中して、創作してみてください。

Recette

アクアパッツァ

Ingrédients ｜ 材料（4人分）

鯛	1尾
あさり	20個
プチトマト	15個
ズッキーニ	½本
白ワイン	200mℓ
水	200mℓ
にんにく	2片
オリーブオイル	50mℓ
塩	適量
胡椒	適量
イタリアンパセリ	少々

Préparation | つくり方

1 魚の下ごしらえ

鯛は鱗と内臓を取り除き、塩をします。あさりは砂抜き。新鮮な魚介で作ることがとっても大事!魚が汗を掻いてきたら、出てきた水分を丁寧に拭き取ります。

2 フライパンで火を通す

フライパンにオリーブオイルを入れ、潰して粗みじんにしたにんにくを加え、弱火で香りを出し、香りが出たら一度取り出します。そのフライパンで鯛を焼き、両面香ばしそうな焼き色がついたら、あさり、プチトマト、食べやすい大きさにカットしたズッキーニを加えます。(開かないあさりは死んでいるので取り除きましょう)
また、ズッキーニは、なければ加える必要がありません。今回は、パリが夏休みの時期で八百屋がどこもお休み。どんなに頑張ってもパセリが手に入らなかったので、緑を添えたくて入れたのですが、これがなかなかに美味しかったです。でも、イタリアンパセリは必要ですよ!

3 白ワインで煮る

見た目も味わいも美味しそうな状態になったら、白ワインを加えてアルコールをとばします。香りに深みが増すのはこのときです。アルコールがとんだら水を加え、蓋をして10分ほど蒸し焼きにします。鯛によく火が通るよう、ときどき蓋をあけて、スープをかけましょう。

4 仕上げる

魚とあさりのだしがしっかり出たら塩、胡椒で味を調え、オリーブオイル(分量外)を回しかけ、完成となります。シンプルですけど、実に深みのあるアクアパッツァとなります。最後に、イタリアンパセリをたっぷりかけてお召し上がりください。ボナペティート!

25

感謝を込めた〝クレーム・ド・マイス〟

Crème de Maïs

愛情と時間と労力が一番のブイヨン

息子と二人きりになった時、ぼくらの生活を助けてくれたのは、息子の同級生のお母さんたちでした。ぼくにとっては「ママ友」にあたります。このママ友たち、時に、フランス語の苦手なぼくのかわりに学校の行事を手伝ってくれたり、情報を教えてくれたり、PTA会議での報告を英語で教えてくれたり、時にはワッツアップ（仏版ライン）のチャットで励ましてくれたり、本当に、優しい方々なのです。日本のママ友もいますが、実はそんなには変わりません。ただ日本人の方がちょっと謙虚ですね。むしろ、お節介すぎるくらい、ずけずけとモノを言ってくださるフランスのママ友たちにぼくは本当に支えられてきました。息子も彼女らのサポートのおかげで、のびのびと育つことができたのです。その彼も今や、高校三年生。新学期が始まる前に、ママ友たちへの感謝を表すため、お招きをして、フルコースをふるまうことになりました。

フランスも暑い日が続いていますので、前菜のトップバッターにこの〝クレーム・ド・マイス〟（とうもろこしの冷製スープ）を用意させていただいたわけです。見た目はシンプルですけど、生とうもろこしをむいて粒をそいで作るこのスープはとっても手間暇がかかります。でも、それだけに美味しい。気持ちをお返しするのに、やはりそれだけの時間と手間をかけたものの方が、よかったわけです。

料理は、愛情と時間と労力が一番のブイヨンになりますね。コーンをそぎながら、ありがとう、ありがとう、と心の中で呟き、作らせていただきました。当然ながら、完成した冷製とうもろこしのスープは大好評でしたよ。さあ、フランスのママ友マダムたちを唸らせたぼくの自信作をご紹介させていただきます。題して、冷製と情熱のあいだクレーム・ド・マイス！

Recette

クレーム・ド・マイス

Ingrédients | 材料（4人分）

生とうもろこし	4本
玉ねぎ	½個（薄切り）
バター	15g
牛乳	150mℓ
塩	適量
白胡椒	適量
オリーブオイル	適量
生クリーム	150mℓ
生パセリ	少々

Préparation | つくり方

1 下ごしらえ

生とうもろこしの皮をむき、包丁でコーン粒をそぎ落とします。髭が結構からんできますが、この髭の数だけコーンがあるということなので、髭ぼうぼうのとうもろこしは美味しい証拠だと思って、根気よく髭を取ってください。トッピング用に、大さじ2〜3程度のコーン粒をあらかじめ、別皿に取り分けておきます。

2 芯でだしをとる

とうもろこしの芯を半分に折って鍋に入れ、水をヒタヒタになるまで注ぎ、15分ほどよく煮立たせブイヨンをつくります。

3 スープをつくる

別の鍋に玉ねぎとバターを入れ3〜4分炒めます(飴色になるまで炒める必要はありません)。そこにコーン粒を入れ、芯でとった2のブイヨンをヒタヒタの少し手前まで入れて、煮ます。結構時間がかかります。柔らかくなったら、牛乳を加えひと煮立ちさせて火を止め、粗熱を取ってください。

4 撹拌し、裏漉しする

冷めたらハンドブレンダーで撹拌します。丁寧に裏漉しして、とろみのあるスープになったら、味をみて、塩、胡椒、オリーブオイルで味を調え、食べる前まで、じっくり冷蔵庫で冷やします。

5 仕上げる

食べる少し前に、ボウルに生クリームを入れ、塩と砂糖(分量外)をひとつまみずつ入れ泡だて器で混ぜ、クレーム・シャンティイをつくります。取り分けておいた少量のとうもろこしをフライパンで軽く焦げ目が付くまで弱火で炒めてください。お皿でもいいのですが、層を見せたいので、今回のプレゼンテーションはワイングラスもしくはシャンパングラスを使います。グラスの三分の一まで、よく冷えたスープを注ぎ、その上にクレーム・シャンティイ(砂糖を加えて泡立てた生クリーム)をまんべんなく敷いて、その上に焼いたとうもろこしを散らし、天辺にパセリを飾ったら、はい、完成。コーンスープのとろみと焼きとうもろこしの食感のあいだのクレーム・シャンティイがなかなか絶妙ですよ。暑い日にぜひ、ボナペティ!

26

あさりのショードレー

Chaudrée de palourdes

クラムチャウダーの原点

ぼくは30代の後半に一年間、新聞社の特派員資格を取得し、ニューヨークに住んでいたことがあります。この時、毎週のように食べていた（食べるスープに目覚めたのはここから？）のがクラムチャウダー。特にボストンを訪れた時に食べた、いわゆるボストンクラムチャウダー（牛乳ベースのニューイングランド風）はさすが本場と唸らずにはいられない、美味さでした。

しかし、このクラムチャウダーの誕生には諸説あります。現在、もっとも信じられているのは「ボストンに漂着したフランス人漁師によって伝えられた」というもの。そこで調べましたところ、西フランス（フルール・ド・セルの産地、レ島あたりの漁師じゃないか、と勝手に推測！）に昔から伝わる大鍋スープ料理が存在します。

ショードレーというのは、大鍋を意味するショーディエールという言葉から生まれています。クラムチャウダーも大鍋で作っていましたからね。ショードレーとチャウダーって響きが似てませんか？　で、フランスではクラムチャウダーのことを、〝Chaudrée de palourdes〟ショードレー・ド・パルードゥ（あさりのスープ）と呼んでいるのです。この辺の語源説には調べるといろいろあるんですが、ぼくは、チャウダーはショードレーから来た説を信じております。笑。

この本で紹介させていただきましたヴィシソワーズも、アメリカ発案じゃなく、アメリカに渡ったフランス人シェフの考案だった、というのですから、私、日本人ですけど、フランス在住者としては鼻高々であります。

で、ボストンでもそうでしたが、ここフランスでも、庶民は丸いカンパーニュ・パンをくりぬいて中にこのスープを注ぎ、スプーンでパンごと掬い取りながら食べるわけですから、豪快だし、まさに働く漁師の食べ物らしく、腹いっぱいになるのでした。トマトベースのマンハッタン風クラムチャウダーではなく、今回はシンプルイズベスト、もっともポピュラーなニューイングランドスタイルの小麦粉と牛乳のクラムチャウダーをご紹介したいと思います。

Recette

あさりのショードレー

Ingrédients ｜ 材料（つくりやすい分量）

あさり	500g（殻付き）
ジャガイモ	2個
玉ねぎ	½個
セロリ	1本
ベーコン	50g
にんにく	2片
小麦粉	大さじ3
牛乳	100mℓ
水	400mℓ
白ワイン	100mℓ
生クリーム	大さじ2
オリーブオイル	大さじ2
タイム	3本
ローリエ	1枚
バター	20g
塩	適量
胡椒	適量
カンパーニュパン	適量

Préparation | つくり方

1 下ごしらえ

砂抜きをしたあさりの殻と殻を合わせ、まず、ゴシゴシよく洗いましょう。じゃがいもは小さめのサイコロ状に、玉ねぎ、セロリ、にんにくはみじん切りにしておいてください。ベーコンは5㎜幅に切ります。

2 あさりに火を入れる

鍋にあさりと水、白ワインを入れ、沸騰させ、貝が開いたらあさりを取り出します。あさりが十分しょっぱいので、塩は必要ありません。

3 具材を炒める

ココットにオリーブオイル、にんにく、玉ねぎ、セロリ、じゃがいも、ベーコン、タイムとローリエを加え、中火でよく炒めます。野菜が透明になりしんなりしたら、小麦粉大さじ2を加え、満遍なく絡ませ、あさりのゆで汁を加えます。野菜が柔らかくなったところで牛乳を加え、あさりの身(飾り用に殻付きのものを少しだけ残す)を加えます。

4 とろみをつける

小さいボウルに小麦粉大さじ1とバターを入れ、スープを少し足して練り合わせる。それを少しずつスープに戻し、スープにコクととろみをつけていきます。仕上げに生クリームを加え、少し温めて塩、胡椒で味を調えます。

5 仕上げる

最後にカンパーニュパンをくりぬき、そこにたっぷりとスープを注げば、完成となります。あさりから出ただしの妙をお愉しみくださいませ。ボナペティ！

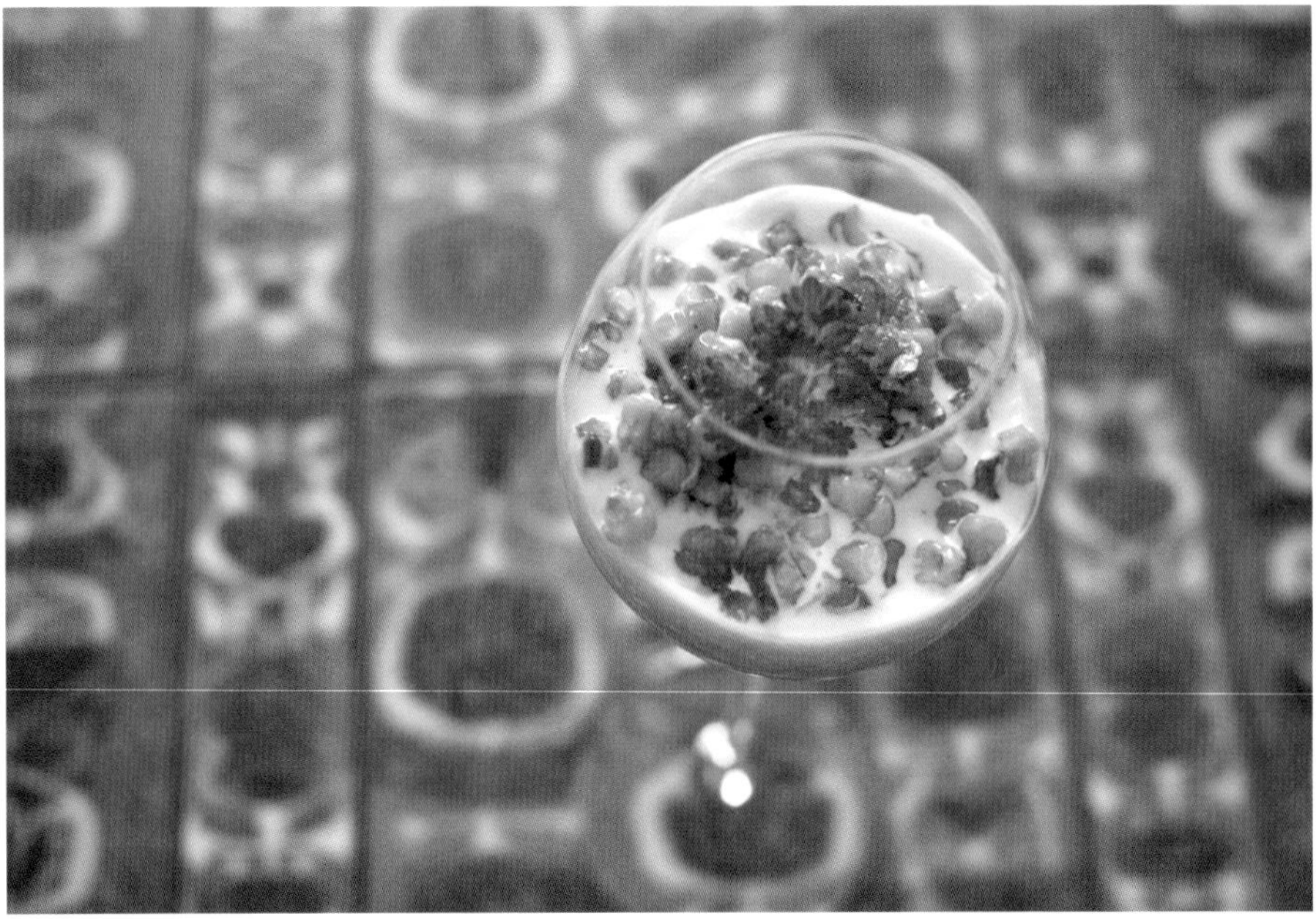

感謝を込めた〝クレーム・ド・マイス〟 | Crème de Maïs

あさりのショードレー | Chaudrée de palourdes

スープな言葉⑤

料理は、愛情と時間と労力が一番のブイヨンになりますね。

辻 仁成　Tsuji Hitonari

つじ・ひとなり●1959年、東京生まれ。作家、ミュージシャン、映画監督、愛情料理研究家。『ピアニシモ』ですばる文学賞、『海峡の光』で芥川賞を受賞。近著に『父ちゃんの料理教室』（大和書房）。現在、dancyu本誌で「キッチンとマルシェのあいだ」、dancyuWEBで「パリ・サラダ」を連載中。パリ在住。キッチンを中心に生活中。

※この本はdancyuWEB連載「パリ・スープ」に加筆修正したものです。

パリの“食べる”スープ

一皿で幸せになれる！

2021年10月29日　第1刷発行

著者　辻 仁成

撮影・編集協力　Miki Mauriac

発行者　長坂嘉昭

発行所　株式会社プレジデント社

〒102-8641 東京都千代田区平河町2-16-1 平河町森タワー13階

https://www.president.co.jp/

電話　編集（03）3237-3720

販売（03）3237-3731

装丁・本文デザイン

松本 歩（細山田デザイン事務所）

編集　植野広生

制作　坂本優美子

販売　桂木栄一・高橋 徹・川井田美景・森田 巌・末吉秀樹・神田康宏・花坂 稔

印刷・製本　凸版印刷株式会社

ISBN 978-4-8334-5187-1

Printed in Japan

落丁・乱丁本はおとりかえいたします。